AF611159

A MONSIEUR
LE DOCTEUR VALLI,
MÉDECIN MILITAIRE,
ASTIER,
PHARMACIEN PRINCIPAL;

MON CHER CAMARADE,

J'AI reçu votre lettre imprimée, du premier octobre dernier, relativement à la nouvelle propriété que j'ai reconnue au camphre, d'empêcher la fermentation vineuse et la putréfaction du bouillon de viande : elle m'a fait d'autant plus de plaisir, que le courage dont vous avez donné tant de preuves sur le champ-de-bataille des officiers de santé, ou pour mieux dire, votre témérité en médecine, me faisait craindre que victime du zèle qui vous anime pour les progrès de la science, votre corps tout entier eût subi en Espagne, par la fièvre

RÉPONSE
DU PHARMACIEN PRINCIPAL
ASTIER,
CHEVALIER DE LA LÉGION D'HONNEUR,
A LA LETTRE
DE M. LE DOCTEUR VALLI,
MÉDECIN MILITAIRE;

SUR LA PROPRIÉTÉ ANTIFERMENTESCIBLE ET ANTIPUTRESCIBLE DE L'OXIDE ROUGE DE MERCURE ET DU CAMPHRE.

> Les faits restent, et le temps efface les rêves de l'opinion.
>
> M.r LAUBERT, *Bulletin de Phar.*

TOULOUSE,
DE L'IMPRIMERIE DE J.-A. CAUNES.
1815.

jaune, le même sort que votre talon, à Constantinople, par l'inoculation de la peste sur votre personne. Mais la mort, dit-on, respecte les braves, et je me réjouis de votre retour; d'abord, parce que je retrouve un ami, et parce que vous sentant près de moi, je craindrai moins de m'égarer dans les recherches qui font actuellement le sujet de mes méditations.

La première page de votre lettre m'a fait quelque peine, en ce que vous paraissez croire que M. l'inspecteur-général *Laubert*, dans son annonce de mes expériences sur le camphre, a eu intention d'atténuer le mérite de votre découverte de la propriété anti-putrescible de l'oxide rouge de mercure, en citant l'emploi qu'en font, de temps immémorial, les jeunes-gens de Bourgogne, pour retarder, par espiéglerie, la fermentation des cuves de leurs voisins. M. *Laubert*, mon cher Valli, vous estime trop pour en avoir seulement eu la pensée, et je vous suis garant que lui, ainsi que moi, n'avons eu d'autre but en cela, que de faire voir l'innocuité du réactif dans la préparation du sirop de raisin; car, si le précipité rouge communiquait au moût des qualités vénéneuses, les magistrats de Bourgogne auraient sans doute, dans leur sagesse, pris des mesures répressives contre les étourdis, et puisqu'ils ne l'ont pas fait, c'est une preuve que la chose est sans conséquence, sous le rapport de la salubrité ; ce qui vient bien à l'appui des raisons chimiques que nous avons données, l'un et l'autre, de la sécurité où l'on peut être sur l'usage du sirop de raisin, préparé par le procédé contre lequel on s'est tant récrié.

Quant au procès que vous intentez à M. *Coulon*, maître de l'hôtel du Jour, à Paris, sur ce qu'il a manqué de se faire une réputation dans l'art du mutisme, il ne fera qu'en rire, je vous assure. M. *Coulon* est un bon réjoui, qui, comme tous les maîtres-d'hôtel garni de la capitale, s'occupe plus de gastromanie que de science, et qui, pourvu qu'il ait beaucoup de places remplies à sa table-d'hôte, s'inquiète fort peu qu'on lui en réserve une au temple de mémoire. Ainsi, mon cher camarade, soyez sans effroi sur ce rival, et sur tous ceux qui ont pu muter, avant et après vous, par l'oxide rouge de mercure. Vous avez été le premier à publier scientifiquement la magie oxido-mercurielle, et c'est en cela que consiste le vrai mérite de la chose, et qui fait votre droit, alors même que vous auriez eu connaissance de l'aveugle pratique des Bourguignons.

Le monde fourmille encore, comme du temps des Nérie et des Circée, de faits inexpliqués, qui, sortant des cabinets du grand et du petit Albert, ont passé sous le nom de secrets entre les mains des ignorans, dont les uns méchans et malfaisans font abus, et dont d'autres s'amusent ou se servent utilement, tous sans raisonner, et se bornant à dire c'est un secret, jusqu'à ce que l'homme instruit, perçant d'un œil perspicace le mystère, vienne d'une main hardie déchirer le voile, et faire rentrer le sortilège dans le domaine légitime de la science.

Je dis plus, il est encore des procédés des arts, et même de la médecine, qui, quoique connus de tout le monde, sont toujours des secrets, par cela seul qu'on ignore le mode d'action des agens qu'on emploie. Sait-on comment agissent les médicamens ? Sait-on comment agissent les virus dans les inoculations ?

De tout temps on a employé l'oxide rouge de mercure pour guérir les chancres vénériens et autres maladies locales ; telles que les prétendues inflammations chroniques des paupières, où la fameuse pomade de *Jeannin* opère des prodiges ; de même que celle de *Regent*, nouvellement analysée par M. *Baup*, pharmacien suisse (1), qui a reconnu dans ce remède secret

(1) Voyez le bulletin de pharmacie de septembre 1814.

la présence de l'oxide rouge de mercure et du camphre; ces pomades guérissent les inflammations chroniques des paupières. Mais on ne sait pas comment! c'est de l'empirisme.

De tout temps les vaches ont été sujettes au cowpox, ont eu aux pis, dans cet état pathologique, des boutons supurans qui, par le contact, préservaient les bergers d'Angleterre de la petite vérole; mais ce n'a été qu'au dix-huitième siècle qu'un envoyé du ciel a découvert la vaccine, dont le trésor n'est pourtant encore que de l'empirisme, par cela seul qu'on ignore comment un virus peut détruire ou modifier un autre virus.

Parmi mille et mille exemples que je pourrais rapporter, où le vulgaire et le hasard ont initié les savans, je ne cite que la vaccine comme ayant le plus de rapport à notre affaire, et pour nous consoler d'avance dans le cas où nous n'aurions pas tout le succès que nous nous promettons dans l'explication des effets de nos réactifs antifermentescibles. Car, au bout du compte, nous ne pouvons pas avoir la prétention de parvenir à l'impossible, où se trouve peut-être le problême que nous cherchons.

De tout temps on s'est servi des préparations mercurielles et camphoriques pour combattre les unes, la syphilis, et les autres, les maladies putrides ; mais on ne sait pas comment elles agissent, et par conséquent les plus habiles médecins ne sont en cela que des empiriques. Vous avez reconnu que l'oxide rouge de mercure, comme j'ai reconnu aussi que le camphre s'opposaient à la décomposition des substances végétales et animales ; mais nous ignorons encore par quel mécanisme : c'est de l'empirisme ! Si donc nous voulons ne pas rester à mi-chemin, il nous faut de la persévérance ; ainsi, courage, mon cher Valli, nous arriverons peut-être à ce difficile comment, qui fait le tourment et souvent le désespoir des gens à recherches. Si nous parvenons au but, nous chanterons victoire, et au pis-aller si, manquant d'haleine, nous étions obligés de nous arrêter, ou qu'un plus vaillant champion nous enlevât la palme, nous aurions toujours l'honneur d'avoir ouvert la carrière, et le plaisir, dont je jouis d'avance, d'applaudir au triomphateur.

En attendant je vais toujours relever le gant que vous me jettez, et tout faible que je suis je n'hésite pas d'entrer en lice avec vous ; je serai vaincu, sans doute, mais n'importe ; la lance de l'amitié fait des blessures agréables, sur-tout quand la main qui la dirige est savante. J'entends trop mon intérêt pour éviter des coups qui, loin de faire du mal, produisent le bien inappréciable de l'instruction.

Commençons donc, et vous armé d'oxigène, et moi d'animalcules, mettons-nous en garde ; mais avant tout, à l'imitation des preux dans les anciens tournois, saluons respectueusement les spectateurs, c'est-à-dire les savans qui daigneront prendre quelque part à la lutte. Puissions-nous fixer leurs regards, et mériter qu'ils applaudissent, si non à nos succès, au moins à nos efforts.

Remplissons encore une autre formalité qui soit digne de nous ; parcourons d'un œil serein l'honorable amphitéâtre, et d'un signe affectueux prouvons à ceux qui dans le temps se sont élevés contre nous, à l'occasion du précipité rouge, que nous sommes sans rancune ; disons-leur, de plus, que nous sentons leur avoir de l'obligation ; car, sans l'éclat qu'ils ont fait, votre découverte eût peut-être rentré dans l'oubli, et la chimie qui, éclairée de la lumière des affinités, marche d'un pas si noble et si assûré dans l'analyse de la matière brute mais incertaine, ou pour mieux dire aveugle en fait de vitalité, aurait été privée d'un fil qui peut la conduire par tâtonnement dans le sombre dédale des mystères organiques.

Vous ne pouvez plus, mon cher Valli, avoir de ressentiment contre M. *Chaptal*, puisque s'il se donne la peine d'en faire l'expérience, il reconnaîtra lui-même la vérité de votre découverte. Je me plais à croire que personne ne m'en veut pour en avoir fait diverses applications : la propriété antifermentescible et anti-putrescible de l'oxide rouge de mercure est bien constatée ; celle du camphre ne l'est pas moins, et il ne nous reste plus qu'à nous rendre raison de cet effet singulier. Il est permis dans les choses que l'on ne peut pas démontrer de faire des hypothèses. Ainsi, nous pouvons dans l'objet qui nous occupe donner carrière à notre imagination, en prenant toutefois l'expérience pour guide : *les faits restent, et le temps efface les rêves de l'opinion*. La vôtre est que l'oxide rouge de mercure (car vous n'avez encore rien pu dire du camphre), empêche la décomposition des substances végétales et animales, en ce que l'oxigène quittant à l'état solide le mercure, pour s'unir au ferment *livieto*, principe commun à tous les corps organisés, s'y combine intimément, et forme avec lui un composé à part, très-tenace et presque indestructible qui, n'ayant plus d'action sur les autres principes constituans du corps organisé, ne peut plus agir en qualité de levain, ni parconsequent produire, comme il l'aurait fait sans cela, leur désunion, c'est-à-dire, la fermentation et ses dégrés successifs.

Ma théorie est à-peu-près la même, et je conviens que ce n'est qu'en paralysant le ferment que l'on peut s'opposer plus ou moins long-temps à cette loi invariable de la nature qui base la reproduction sur la destruction, qui veut enfin que tout périsse pour que tout se renouvelle. Mais je vais plus loin, et je dis dans mon hypothèse quelle est la nature de ce ferment, la manière dont il se comporte l'orsqu'on le laisse agir, et ce qui arrive lors que par un moyen quelconque on s'oppose à son action. Établissons d'abord cette proposition, et nous examinerons ensuite si c'est réellement l'oxigène qui est le principe conservateur comme vous le croyez.

J'ai dit ailleurs, et c'est assez public, que les animalcules et les plantules qui naissent d'eux-mêmes dans l'intérieur ou à la surface des corps organisés, solides ou liquides qui tombent en décomposition spontanée, c'est-à-dire, en fermentation ou en putréfaction, sont les instrumens dont la nature se sert pour opérer ces phénomènes. Mais entendons-nous bien, mes animacules ne sont pas ceux dont vous parlez si plaisamment, qu'on peut faire geler, bouillir, rôtir et fricasser sans leur faire le moindre mal. *Buffon*, dont le nom seul impose silence aux contradicteurs, et dont je suis dispensé de faire l'éloge, par cela seul que l'éloge est renfermé dans le nom; *Buffon*, dis-je, nous assure (1) que vos incombustibles ont été jettés par le Créateur à la surface de la terre et dans la profondeur des mers en nombre incalculable, mais qui ne peut varier; que leur fonction est de s'unir par voie d'assimilation pour former les êtres organisés, comme les molécules de la matière brute s'unissent par voie d'agrégation ou de composition pour former les masses homogènes et les mixtes; propriété qui leur a valu le nom de molécules organiques, sans distinction d'animal ou de végétal, étant également appelées à la formation des deux règnes; ces molécules organiques ont une vie qui leur est propre, impassible et inattaquable; le fer, le feu ni le poison ne peuvent rien sur elle. Cette vie date du commencement du monde, et ne peut finir qu'à la consommation des siècles. Ainsi vous sentez, mon cher docteur, que votre oxide rouge de mercure, ni mon camphre, ne peuvent rien sur ces êtres privilégiés; que ce n'est pas d'eux dont je veux parler, et que mes

(1) Histoire naturelle, générale et particulière, tome 3.me

fermentateurs sont d'espèce bien différente; ils tirent, à la vérité, leur origine des immortels susdits; mais ils sont, comme vous et moi, périssables et très-périssables; ils n'ont, comme nous, qu'un temps très-limité à vivre pour remplir leur mission temporaire, pendant laquelle il leur faut, comme nous, boire, manger, respirer, etc., sous peine de rentrer, par anticipation, dans le grand magasin où la nature puise pour former sans cesse de nouveaux êtres vivans. Ainsi, ne confondons point les animalcules et les plantules, avec les molécules organiques destinées, par le Créateur, à la production, à l'accroissement et à l'entretien de la vie de tous les êtres organisés; ces élémens de la matière vivante jouissent d'une espèce de vie et d'une certaine quantité de mouvement; ils n'ont point d'organes, ni par conséquent point d'action volontaire, mais ils obéissent aux lois de l'attraction moléculaire, comme les élémens de la matière brute, sans doute, avec des modifications qui leur sont particulières. Ainsi, je me servirai du mot affinité pour dévélopper ma conception à l'égard des molécules organiques dans leur réunion pour la formation des vers et insectes de génération nouvelle, ce qui me conduira, guidé par l'expérience, à l'explication de mon système des animalcules, considérés comme cause des décompositions spontanées, et de la manière d'agir des réactifs antifermentescibles.

D'après les expériences de *Buffon*, et d'un autre observateur microscopiste très-moderne, que je citerai plus bas, les molécules organiques que l'on trouve dans les humeurs des animaux et des végétaux, ainsi que celles qui se détachent par macération de leurs parties solides, sont toutes de forme globuleuse, ovale ou sphéroïde; mais toutes si petites, que ce n'est qu'à l'aide d'un excellent miscroscope qu'on peut les apercevoir. *Buffon* en admet de plusieurs genres, et il faut bien que cela soit ainsi, parce que, chimiquement parlant, s'il n'y en avait que d'une sorte, elles ne pourraient former que des agrégés homogènes, et que cela ne nous donnerait pas l'explication de cette multitude innombrable d'êtres divers qui vivent ou végètent, tous formés et entretenus par les molécules organiques; tandis qu'en en admettant plusieurs, nous pouvons, par leur différentes combinaisons, tant en nombre d'espèces qu'en différentes proportions, nous rendre raison des prodigalités de la nature dans les variétés infinies des générations, tant constantes qu'éventuelles.

Supposons donc, non pas comme vous seriez

porté

porté à y consentir, qu'il existe autant d'espèces de molécules organiques (ne les confondons pas avec les germes) qu'il peut y avoir d'animaux, de végétaux, d'animalcules et de plantules, ce qui est infini, mais seulement un nombre d'éterminé; accordez-m'en mille, accordez-m'en cent, accordez-m'en dix seulement, cela me suffira pour me figurer la formation de tout ce qui existe ou qui peut exister dans les deux règnes organiques, comme il suffit à la chimie d'un très-petit nombre de corps simples ou réputés simples, pour composer l'innumérable variété de ses produits.

Cela posé et en reconnaissant, comme l'expérience le prouve, et que vous le verrez plus bas, que les insectes de génération nouvelle, c'est-à-dire, ceux qui n'ont point de géniteurs, sont formés de toutes pièces par différentes combinaisons de molécules organiques; en partant, dis-je, de ce point fixe, continuons (pour ne pas trop nous écarter des idées reçues) à exprimer par le mot affinité la tendance qu'ont les molécules organiques à s'unir pour s'organiser végétalement ou animalement; et pour mieux nous entendre, nommons affinité de génération ou générative cette force d'attraction par laquelle deux ou plusieurs molécules se confondent pour former un germe, et affinité d'assimilation celle où d'autres molécules convenables au germe formé viennent s'y joindre pour son dévéloppement et sa nutrition. Appelons vie privée ou d'attente cette espèce de vie dont est douée chaque molécule organique lorsqu'elle est isolée et ne fait point partie d'un corps organisé, et vie commune ou active celle qui résulte de la réunion de plusieurs, alors qu'il y a réellement une organisation commencée ou complette.

Avec ce petit nombre d'expressions convenues, nous pouvons mieux suivre la théorie de *Buffon*, sinon pour les animaux et végétaux qui naissent d'un œuf ou d'une graine : question que je laisse à décider aux philosophes ovaristes ; mais bien pour les animalcules et les plantules qui naissent spontanément dans les fermentations et putréfactions, êtres que les anciens, pour cette raison, avaient nommés putripares, et que, d'après mon hypothèse, je crois devoir nommer putrigènes ou fermentigènes..

C'est ici le moment de vous parler du nouvel observateur microscopiste que je vous ai annoncé plus haut, de M. *J.-B. Fray*, commissaire des guerres, membre de plusieurs sociétés de science, etc., qui a publié à Berlin, en 1807, un ouvrage très-intéressant, dont vous n'avez peut-être pas connaissance, ayant pour titre : *Nouvelles expériences, extraites d'un manuscrit, ou essais sur l'origine des substances organisées et inorganisées*, où il rapporte diverses expériences faites sur les matières végétales et animales, livrées à la décomposition spontanée en vaisseaux clos, en contact avec différens gaz, en état de pureté ou de mélange; d'où il résulte que la désorganisation des unes et des autres donne également naissance à des animalcules et à des plantules de génération nouvelles, et même à des insectes de races connues et permanentes. Cet ouvrage est écrit avec ordre et clarté; les expériences ont été faites en bonne méthode, et doivent inspirer d'autant plus de confiance, que les plus importantes ont été répétées avec succès en présence et dans le laboratoire de M. *Bertholet*. J'en relaterai une ici textuellement, pour vous donner une idée des autres, et parce que les résultats cadrent parfaitement avec mon hypothèse. Expérience n.° 1, c'est M. *Fray* qui parle : « Le 19 frimaire an 14, M. *Bertholet* fit laver avec de » l'eau distillée, et avec le plus grand soin, » un flacon dont le fond avait environ quatre » pouces de diamètre, et la hauteur dix à » onze; il fut rempli immédiatement après

» d'eau distillée (1), on y introduisit en même» temps un morceau de bœuf bouilli (2) qu'on » avait fait cuire de nouveau sous nos yeux » dans de l'eau distillée. Ce flacon fut placé » aussitôt sur la cuve pneumato-chimique; on » y introduisit, à l'instant même, du gaz hydro» gène, et on continua jusqu'à ce qu'il ne » resta dans le flacon qu'une demi-cuillerée » à café d'eau distillée. Le flacon fut bouché, » étant encore plongé dans la cuve, avec un » bouchon usé à l'émeri; on le retira, on luta » le bouchon avec du linge couvert d'un mé» lange de chaux et de blanc d'œuf; quand il » fut sec, on recouvrit le tout avec un mor» ceau de vessie mouillée qui fut lié convena» blement. »

Après la description d'autres préparations semblables, faites avec un petiole succulent de tussilage, d'un morceau de momie très-sèche, etc., M. *Fray* dit :

---

(1) « L'eau dont on se servait avait été distillée la veille, et » elle venait de l'être pour la seconde fois. A mesure qu'on faisait » les préparations on distillait de nouveau l'eau qui devait y être » employée; elle était reçue dans de grands ballons de verre, » dont l'ouverture était soigneusement couverte.

(2) « Pour que le morceau de bœuf ne s'échappât pas du » flacon lorsqu'il serait renversé sur la cuve, il était un peu » plus long que le goulot n'était large, et gros seulement comme » un tuyau de plume à écrire. »

« Le 29 frimaire, nous ouvrîmes le flacon » n.° 1, qui était resté dans le laboratoire et » qui n'avait éprouvé qu'une chaleur très- » douce. L'eau était trouble et ne répandit que » très-peu de mauvaise odeur. Nous examinâ- » mes au microscope (1), et alternativement, » quelques gouttes de cette infusion ; elle four- » millait de corps mouvans qui allaient dans » diverses directions, avec une grande vitesse. » Indépendamment de ces atômes, nous vîmes » quelques corps beaucoup plus gros, dont » les mouvemens, quoiqu'un peu moins vifs, » étaient très-distincts ; ils étaient déjà anima- » lisés, puisqu'on pouvait apercevoir qu'ils » étaient munis de quelques organes. M. *Ber-* » *tholet*, son fils, et le fils de M. *Chaptal*, les » virent parfaitement, et M. *Bertholet* ajouta, » *cela est incontestabe.* Ce fut son mot. »

Voilà un fait, mon cher Valli, qu'on ne peut guère révoquer en doute, par cela seul qu'il est appuyé du nom de M. *Bertholet*, et que d'ailleurs il se rapporte à celui que vous citez page 16 de votre lettre ; mais comme ni vous ni M. *Fray* ne donnez aucune explication du phénomène, je vais, en vertu de la pomme d'Adam, dont j'ai mangé ma bonne part, c'est-

(1) « Le microscope dont je me suis toujours servi est celui » de *Delbare.* »

à-dire, *della mania che abbiamo tutti di conoscere e determinare la cagione delle cose*, vous dire comment je me rends raison de ces nouvelles créations, par l'exposition de ma théorie, qui, si elle n'est pas vraie, est au moins vraisemblable.

Buffon a dit, et vous en conviendrez vous-même, que les animaux et les végétaux sont tous composés de molécules organiques; à quoi nous ajouterons que ces élémens vivans, au moment où ils s'unissent pour former ou pour nourrir l'individu dont ils doivent faire partie, perdent chacun leur vie privée, pour n'avoir, tous ensemble, qu'une vie commune, laquelle doit durer jusqu'à ce qu'une cause quelconque vienne faire cesser l'harmonie qui s'est établie entr'eux; époque où de droit, et en vertu de leur essence indestructible, lesdites molécules organiques reprennent leur vie privée ou d'attente, jusqu'à ce que des circonstances favorables les mettent à portée de se réunir de nouveau sous les lois d'une autre vie commune, soit par affinité générative ou d'assimilation,

Il est ici nécessaire de dire que les molécules organiques ne sont pas les seuls matériaux que la nature emploie pour la formation et nutrition des animaux et des végétaux, elle y fait aussi intervenir des élémens inorganiques ; tels que les terres, les métaux, les bases des différens gaz, etc., dans de certaines proportions, suivant l'espèce d'organisme ; par exemple : le potassium, le sodium, le carbone, l'hydrogène, etc., en plus forte dose pour les végétaux ; la chaux, le phosphore, l'azote, etc., pour les animaux ; toutes substances qui se trouvent liées à l'organisation par l'intermède des molécules organiques.

Or, la mort, par le couteau du boucher, ayant fait cesser la vie active du bœuf dont M. *Fray* a pris un morceau pour faire son expérience, les molécules organiques qui composaient ce morceau n'étant plus retenues ensemble par le lien de la vie commune, ont dû nécessairement se quitter pour obéir ensuite à l'affinité générative, ou soit à cette tendance qui les porte l'une vers l'autre pour former de nouvelles organisations, ce qui en effet est arrivé, ainsi qu'on l'a vu par leur apparition dans l'infusion, sous forme de globules mouvans ; lesquels étant isolées et indépendantes les unes des autres, ont pu s'unir deux à deux, trois à trois, etc., pour former les corps organisés dont parle M. *Fray* ; ces animalcules, enfin, qu'il faut bien distinguer des molécules organiques, lorsque je dis que les insectes sont la cause efficiente des fermentations.

M. *Fray*, dans un autre chapitre de son ouvrage, rend compte d'une expérience du même genre, où il a vu très-distinctement deux globules mouvans s'unir et se confondre pour ne former qu'un seul et même corps, puis un troisième, un quatrième, et jusqu'à un cinquieme, venir se joindre aux deux premiers, d'où résulta une ébauche d'insectes qui se serait vraisemblablement perfectionnée, si la goutte de l'infusion où se passait ce phénomène eût pu rester plus long-temps sur le porte-objet du microscope sans se desscécher.

Il en rapporte encore un autre, où des morceaux de bœuf mis en macération en vaisseaux clos, avec une petite quantité de bouillon, où on les avait fait cuire, avaient donné naissance à de petits vers, qui se changèrent en chrysalides, d'où il sortit ensuite de grosses mouches velues, sans qu'il fût possible, d'après toutes les précautions prises, qu'il ait pu s'introduire dans les bocaux aucun insecte, quelque petit qu'il fût, et encore moins une grosse mouche qui, comme on pourrait le croire, y aurait déposé ses œufs. Il résulte, enfin, des belles et nombreuses expériences de M. *Fray*, que les substances animales et végétales soumises à la décomposition spontanée par le concours de l'humidité, de la chaleur, de la lumière et de différentes espèces de gaz, toujours en vaisseaux parfaitement clos, pour éviter tout soupçon d'introduction de germes quelconques, donnent également lieu à la naissance de diverses espèces d'animalcules et de plantules, tels que des vers, des mouches, des moisissures, des conferves, etc., ce qui confirme parfaitement le grand principe de *Buffon*, que les animaux et les végétaux sont également composés de molécules organiques, et que les molécules organiques (pour me servir de l'expression dont nous sommes convenus), ressuscitées à la vie privée par la mort de l'animal ou du végétal, où elles étaient combinées, passent nécessairement à de nouvelles combinaisons vivantes.

Voilà, mon cher Valli, l'autorité d'un grand homme qui parle, et des faits qui confirment d'autant mieux cette doctrine, que nous avons tous les jours sous les yeux des exemples d'insectes produits par les débris des végétaux, et de plantes cryptogames qui naissent spontanément sur les débris des animaux. Mais, me direz-vous, le ver qui naît dans l'intérieur d'une racine en vétusté, et la moisissure qui s'empare d'une gelée de viande, peuvent provenir de germes apportés par l'air ambiant ? J'en conviens, et je pense même que c'est le moyen dont la nature se sert le plus habituellement pour ces sortes de générations. Nous reviendrons sur cette considération ; mais, avant tout, il nous faut finir sur l'article des naissances spontanées des animacules et des plantules, dans les fermentations et putréfactions.

Partons du principe établi que les substances végétales et animales sont toutes composées de molécules organiques, plus une proportion donnée à chacun, suivant sa nature, d'azote, d'hydrogène, de carbone, de fer, de soufre, ou de tout ce qu'il vous plaira, en fait de matière inorganique, et prenons pour exemple le morceau de chair de bœuf dont vous me parlez page 16 de votre lettre, lequel engendra des vers tout à fait particuliers, c'est-à-dire, de race nouvelle, et dont par conséquent les germes n'existaient pas.

Soit donc votre morceau de bœuf, composé des dix espèces de molécules organiques que vous m'avez accordé, et que nous représenterons à notre imagination par les chiffres 1, 2, 3, 4, 5, etc. Plus, comme matière auxiliaire, une certaine proportion d'azote, de carbone, de chaux, etc. Ce morceau de chair en sortant de l'eau bouillante où on l'a fait cuire, a été mis, incontinent, dans de l'eau distillée à l'instant même ; le vase était propre et bouché hermétiquement. Par conséquent, point de soupçon d'aucun germe quelconque, et pourtant il s'est engendré des vers. Voyons comment cela a pu se faire, et tâchons d'expliquer le phénomène.

Ainsi que nous l'avons établi en principe, les molécules organiques aussitôt la mort du bœuf, et surtout pendant leur ébullition dans l'eau ont perdu leur vie commune, et en vertu de leur essence indestructible, elles ont dû recouvrer leur vie privée. Mais, enchaînées encore par l'attraction moléculaire, comme matière, et unies par cela même à la chaux, à l'azote, au carbone, etc., qui faisaient parties constituantes du mixte, elles ont demeuré quelque temps en repos, et auraient persisté dans cet état d'inertie, si le morceau de bœuf avait été porté tout-à-coup à un certain dégré de dessication, comme cela arrive aux viandes boucanées, aux momies, etc., ou si encore la viande avait été solidifiée par congélation, parce que dans ces deux cas les molécules organiques auraient été privées de l'exercice du mouvement qui leur est propre. Mais au contraire, cette chair était plongée dans un bain aqueux, qui augmentait sans cesse sa flaccidité, tandis que le calorique, de son côté, exerçant sa force expensive écartait, les unes des autres, les particules intégrantes, comme aussi l'électricité par sa vertu subtilisante des fluides, donnait plus de facilité à l'eau de pénétrer dans les interstices des fibres musculaires ; toutes circonstances, qui favorisant les mouvemens partiels des molécules organiques, ont déterminé leur mise en liberté ; d'autant plus que la lumière solaire qui, d'après *Buffon*, est leur grand moteur, ne peut avoir manqué de les exciter. Tous ces agens, dis-je, ainsi que vous l'observez très-bien, page 21 de votre lettre, mon cher Valli, ont disgrégé les particules du morceau de chair, et les molécules organiques devenues par là plus mobiles, ont pu obéir à l'affinité que nous avons nommé générative, et s'unir par des combinaisons binaires, ternaires, etc., pour former des animalcules, comme nous en avons des exemples dans les expériences de M. *Fray*.

Supposons maintenant que les deux premières molécules organiques qui se sont séparées de la masse, se soient trouvées être des espèces n.os 1 et 2, que flottantes dans l'eau, presque au contact, elles se soient confondues à raison de leur affinité générative, et que par leur propriété particulière, cette combinaison ait produit une ébauche de ver, comme nous avons vu par les expériences de M. *Fray*, les ébauches d'autres insectes se former par de pareilles réunions, chose qui peut s'admettre même en chimie. Cela posé, nous aurons, physiologiquement parlant, un composé organique, une espèce de germe qui, jouissant dès-lors d'une double force attractive, attirera à soi d'autres molécules organiques similaires, qui viendront s'unir aux deux premières, et ainsi de suite, jusqu'à parfaite formation du *moule intérieur* (1), époque où le ver devenu vraiment un être organisé, sera susceptible de se nourrir par *intussusception* (2), non-seulement de molécules organiques, mais encore des autres principes constituans, inorganiques, de la chair de bœuf et de l'eau où elle est en macération. Si donc, par exemple, il faut à notre ver, pour se nourir, de l'hydrogène et de la chaux, il prendra cette terre dans la chair de bœuf où il en existe, et pourra tirer l'oxigène de l'eau du bain, d'où résultera le double effet de la décomposition de cette portioncule de chair, d'où la chaux aura été tirée, et mise en liberté de la petite quantité d'oxigène qui était combiné à l'hydrogène que le ver s'est assimilé. Or, cet oxigène devenu libre et trouvant du calorique,

(1) Je me sers ici de l'expression de *Buffon*, parce qu'il ne me serait pas possible de mieux rendre ma pensée.

(2) *Ibidem*.

libre aussi à raison de la température, a bien pu former l'air vital qui s'est dégagé dans cette expérience.

Supposons maintenant qu'au lieu des molécules organiques des espèces 1 et 2, qui se sont unies pour former le germe du ver en question, ce soit celles des espèces 3 et 4 qui, après s'être dégagées de la composition *bouvine* (1), se joignent par affinité générative, et que de cette nouvelle combinaison il en résulte le germe d'une moisissure, d'un conferve ou de toute autre plantule. Il est évident que ce germe végétal, pour se dévélopper, aura besoin d'une nourriture différente que celle propre au ver, et qu'au lieu de chaux et d'hydrogène, il s'emparera, peut-être, de la partie carbonique du bœuf et de l'oxigène du bain; d'où résultera également décomposition de la chair et de l'eau, à cette différence qu'au lieu d'une formation d'air vital, il y aura dégagement de gaz hydrogène, comme cela arrive toujours dans les eaux stagnantes, lorsqu'il y a des débris de matières organisées en macération, et tel que nous en voyons en été dans les mares, berceaux pernicieux de mille insectes divers et de mousses de toute espèce, foyers immondes de dégagement de gaz délétères,

(1) A nouvelles idées, nouvelles expresssions.

résidus des analyses faites par les animalcules et les plantules. . .

Il est bon de noter ici que les différentes combinaisons de molécules organiques peuvent avoir lieu dans une même circonstance, comme le prouvent les expériences de M. *Fray*, qui, dans bien des cas, a observé la production spontanée de plusieurs espèces d'insectes et de plantules, quoiqu'il n'eût employé qu'une seule substance végétale ou animale ; ce qui vient bien à l'appui du principe établi par *Buffon*, que les molécules organiques, de quelque part qu'elles viennent, sont également aptes à produire et à nourrir les animaux et les végétaux.

Ce que nous avons dit des combinaisons génératives des molécules organiques des espèces 1, 2, 3 et 4, peut s'appliquer à toutes les autres; ce qui nous suffit pour expliquer toutes les générations spontanées d'animalcules et plantules de races éventuelles.

Mais, me direz-vous, parce qu'il se forme des animalcules et de plantules dans toutes les décompositions spontanées, ce n'est pas une raison pour croire que ces êtres microscopiques soient les instrumens de la fermentation et de la putréfaction, et qu'au contraire il y a lieu de penser qu'ils n'en sont qu'une suite, et qu'ils ne se forment qu'après la désunion des élémens de la matière qui se décompose*, auquel cas ce serait les molécules organiques qu'on devrait considérer comme les ouvriers de ce travail secret de la nature, ainsi que l'a insinué *Buffon*, objection à laquelle je puis répondre par une foule de faits où il y a parfaite solution du corps organisé, et où par conséquent les molécules organiques peuvent librement agir, sans pour cela qu'il y ait fermentation ni putréfaction, et sans que la matière passe aux dégénérescences vineuse, acéteuse ou alkaline, comme cela arrive lorsqu'il y a intervention des animalcules; et je ferai voir de plus, en prenant pour argument la propriété disolvante du suc gastrique et de l'eau bouillante, ainsi que les effets de l'oxide rouge de mercure et du camphre, que si les molécules organiques ne peuvent pas se réunir pour former des animalcules ou des plantules, il n'y a pas de véritable putréfaction. Prenons pour premier exemple ce qui se passe dans la digestion.

D'après les expérieuces de *Spalanzzani*, les matières nutritives qu'on enferme dans des tubes métalliques, percés de plusieurs trous, pour que le suc gastrique puisse y pénétrer, se dissolvant peu à peu par l'action de ce menstrue, tandis que les portions non-attaquées, malgré leur séjour prolongé dans l'estomac, et quoique

soumises

soumises à une température très-haute et très-humide, ne donnent aucun signe de corruption. Voilà un fait qui s'explique par mon hypothèse, en ce que les molécules organiques à mesure qu'elles se séparent de la masse, par l'action dissolvante du suc gastrique, étant pompées par les vaisseaux chylifères, ne peuvent se réunir pour former des animalcules ; donc point d'action attractive par affinité de génération ni d'assimilation, par rapport aux insectes, et par conséquent point de putréfaction dans la portion non attaquée par le suc gastrique. Examinons maintenant ce qui peut se passer dans un estomac faible et qui fait mal ses fonctions ; la digestion y sera tardive, les molécules organiques auront le temps de se former en vers ou en insectes ; comme dans les expériences sus-mentionnées, ceux-ci attaqueront le bol alimentaire dans ses principes constituans, d'où il résultera putréfaction, flatuosités et, par suite, les maladies putrides, dont les premiers symptômes sont presque toujours des vers.

Prenons pour deuxième exemple des os, soumis à une très-haute température humide dans le digesteur de Papin, ils se désorganiseront, la matière gélatineuse se dissoudra dans l'eau, le phosphate de chaux se précipitera, mais il n'y aura pas de véritable décomposition tant que l'excessive chaleur empêchera la réunion des molécules organiques ; mais qu'on place cette dissolution d'os à une température modérée, les molécules organiques, toujours subsistantes, ne tarderont pas à obéir à l'affinité générative pour former des moisissures et des insectes, et la putréfaction commencera.

Ici je n'ai pas besoin de dire., surtout en parlant au cher docteur Valli, que si l'homme menacé de fièvre putride avait pris du camphre, et si on avait mis de l'oxide rouge de mercure dans la gélatine, la maladie de l'un, et la putréfaction de l'autre, n'auraient pas eu lieu. Mais il faut expliquer comment les deux préservatifs auraient agi.

Le camphre et le précipité rouge sont insecticides, il n'y a en cela aucun doute, ils ne peuvent rien sur les molécules organiques tant qu'elles sont isolées ; mais, dès qu'elles sont unies plusieurs en corps organisé (insecte ou moisissure), et que sous cette vie commune il leur faut de la nourriture, nos deux réactifs agiront comme poison sur le nouvel être, et les molécules organiques seront obligées de se séparer ou, pour mieux dire, il ne pourra jamais se former de germes ni dans l'estomac ni dans la gélatine.

Vous voyez ici, mon cher Valli, que je rentre parfaitement dans votre opinion, et que je suis parfaitement de votre avis sur le principe que vous avez établi, que nos réactifs antifermentescibles n'agissent qu'en s'opposant à l'action du ferment préexistant dans toutes les matières organisées, y ajoutant seulement, que ce ferment, dont personne ne nous dit la nature, n'est vraisemblablement autre chose que les molécules organiques, et que son action, après la mort des animaux et des végétaux, est de former des animalcules et des plantules, qui deviennent ensuite les instrumens actifs des décompositions spontanées.

Ne nous bornons pas aux deux exemples que je viens de citer, et pour augmenter la probabilité de mon hypothèse, qui, tout considéré, n'est autre chose que la doctrine de *Buffon*, à cela près, que ce grand homme considère les molécules organiques comme les instrumens immédiats et directs des fermentations, à raison de la rapidité de leurs mouvemens (1), et que moi, pour expliquer l'effet de nos réactifs antifermentescibles, je ne leur attribue cette fonction qu'autant qu'elles sont organisées en animalcules ou en plantules.

(1) Page 451 du volume cité.

Poursuivons, dis-je, et aux faits déjà cités ajoutons-en d'autres encore plus évidens du rôle important que jouent les molécules organiques dans les décompositions spontanées.

Tout le monde sait que le fromage est de toutes les substances connues, celle qui engendre le plus d'animalcules et de plantules, puisque des masses entières, en prenant pour exemple celui de Roquefort, se transforment avec le temps en moisissures, en vers, en mites; toutes productions vivantes qu'on aperçoit à la vue simple, et qu'on admire au microscope; d'où je conclus, pour soutenir ma thèse, que le fromage est une des substances les plus riches en molécules organiques, aussi le lait d'où il provient, est-il de tous les fluides naturels le plus nutritif, et celui qui se décompose spontanément avec le plus de facilité et de promptitude. Malgré cela, il est prouvé qu'on peut le conserver indéfiniment en le faisant bouillir deux ou trois fois par jour. Ce procédé est presque devenu vulgaire, mais personne ne donne l'explication du phénomène, et je le trouve dans mon raisonnement; car, en soumettant le lait à une chaleur de 80 dégrés, douze heures après son extraction du pis de la vache, on désorganisera, par cette haute température, les germes qui auraient pu se former, ou qui auraient pu être apportés par l'air ; par conséquent point de travail analitique de nos animalcules, et point de décomposition. Qu'on continue, à partir de là, à opérer ainsi de huit en huit, ou de douze en douze heures, on préviendra à chaque fois la naissance des invisibles analistes, et le lait se conservera toujours dans sa parfaite intégrité, moins le serum évaporé.

Faisons à présent le contraire, et dans du lait récent mettons un peu de ce fromage qu'on retire de l'estomac des jeunes animaux, et qu'on conserve sous le nom de présure, où certainement les germes de plusieurs espèces d'insectes se sont formés, il suffira de quelques heures pour faire coaguler le lait, et ce coagulum avec le temps se changera entièrement en vers ou en moisissure, comme nous le voyons manifestement dans presque tous les fromages.

Prenons un autre exemple plus frappant de décomposition opérée par les insectes, et ou, au lieu de germes formés de toutes pièces par les molécules organiques, nous feront intervenir des œufs fécondés par copulation, comme cela arrive lors qu'une mouche vient pondre sur un morceau de viande. Tout le monde sait que dans ce cas la putréfaction a lieu bien plus promptement dans les endroits où les vers naissent que par tout ailleurs, et l'expérience prouve aussi que si on mouille cette partie avec une solution de sublimé corrosif, qui est encore plus puissante que le précipité rouge, pour faire périr les insectes, la putréfaction s'arrêtera, comme elle n'a pas lieu du tout, si la chair est profondément pénétrée de ce sel mercuriel; procédé qui a été mis en usage dans la dernière guerre pour conserver les dépouilles mortelles de plusieurs généraux de distinction, afin de gagner le temps nécessaire pour les transporter en France; procédé bien plus expéditif et bien plus économique que celui de l'embaumement.

Je pourrais vous citer une foule d'autres faits qui tous viennent à l'appui de mon opinion; mais je terminerai cette exposition par un dernier, lequel se trouve parfaitement en rapport avec la doctrine de *Buffon*, sur la formation des insectes, par la réunion des molécules organiques. Ce célébre naturaliste dit que la colle de farine abandonnée à elle-même ne tarde pas à se remplir de petits vers anguilliformes, lesquels, quoique n'ayant ni père ni mère, ne laissent pas de produire des vers semblables à eux, puisqu'il suffit d'en ouvrir un avec une lancette, pour voir d'autres vers tous semblables les uns dans les autres ; à quoi j'ajoute, d'après ce que j'ai observé cent et cent fois, que sur la colle qui se corrompt il se forme toujours une quantité considérable de moisissure de différentes couleurs, qu'on peut, même sans l'aide du microscope, reconnaître pour des véritables végétations.

En partant de cette donnée, et voulant accumuler des faits pour appuyer mon hypothèse, j'ai rempli deux tasses à café de ladite colle, dans l'une desquelles j'ai mêlé une solution de trois grains de sublimé corrosif, et j'ai exposé mes deux vases, l'un près de l'autre, à une température habituelle de 30 à 35 dégrés de *Réaumur* ; peu de jours après la colle pure a donné les premiers symptômes de fermentation, tels que la moisissure à la surface, la formation des vers dans l'intérieur, et sur la fin dégagement de moucherons ; tandis que celle où j'avais ajouté le sublimé corrosif s'est desséchée jusqu'à la friabilité, sans donner le moindre signe d'altération, ainsi que l'a vu M. *Laubert*, à qui je l'ai remise pour qu'il en fît mention dans son annonce au bulletin de pharmacie, comme une chose utile à l'art du papetier et du cartonnier ; concluant toujours, d'après mon système, que cette colle ne s'est conservée que parce que le sublimé corrosif a tué les germes des animalcules et des plantules à mesure qu'ils se formaient par la réunion des molécules organiques. (*Voyez la note page* 94.)

Un autre fait, non moins intéressant, que M. *Dispan*, professeur de chimie à Toulouse, a fait connaître par ses leçons publiques, coïncide parfaitement avec mon système. Ce professeur faisait des expériences tendantes à prouver que la fermentation panaire est similaire à la fermentation vineuse, comme en effet il l'a démontré, puisqu'il a obtenu de l'alcool, par la distillation d'une pâte fermentée; M. *Dispan*, dis-je, ayant laissé, par mégarde, sur une tablette de son laboratoire une partie de cette pâte, et n'y ayant fait attention que long-temps après, alors qu'elle était entièrement desséchée, fut bien surpris en la rompant d'en voir sortir une multitude de moucherons, absolument semblables à ceux des vendanges, laissant chacun après eux, dans la masse, la loge où ils avaient pris leur naissance et leur accroissement.

Ce fait, qui se lie parfaitement à mon système, me ramène naturellement à parler de la fermentation vineuse, et à mettre en évidence des circonstances qui ont échappé à tous les œnologues, et même au célébre *Fabroni*, à qui nous devons la découverte de la matière végéto-animale, qui constitue le levain, je veux dire ces nuées de moucherons qui sortent de la cuve, après qu'on en a soutiré le vin; ce phénomène est tellement commun, qu'il n'y a pas jusqu'au plus petit vigneron qui ne le connaisse parfaitement; et il est vraiment étonnant que de tant d'écrits qui ont paru sur l'œnologie, il n'y en ait pas un qui en fasse mention, même celui de M. *Chaptal*, qui est le traité le plus complet en ce genre; il est bien étonant, dis-je, que d'après la découverte de *Fabroni*, confirmée depuis par plusieurs chimistes français, et d'après ce que l'on savait des molécules organiques de *Buffon*, on n'ait pas cherché par ce rapprochement à expliquer ce mystère, comme aussi celui de l'existence des anguilles du vinaigre; car enfin, puisqu'il est bien reconnu par la belle anatomie que *Fabroni* a faite du raisin, qu'il existe dans ce fruit une matière en partie animalisée, et que nous savons d'ailleurs que la nature ne fait rien en vain, il tombe sous le bon sens de croire que cette matière animale doit être l'origine des insectes qui s'y développent par la suite ; et puisque nous voyons que certaines substances qui ont la propriété de tuer les insectes, ont aussi celle d'empêcher la fermentation, nous pouvons raisonnablement conclure que ce sont les insectes qui sont les moteurs de ce mouvement intestin, d'autant plus que nous n'avons, sur ce singulier phénomène, aucune explication satisfaisante.

J'ai détaillé dans mon dernier mémoire, aux annales de chimie (1), comment je conçois que les animalcules peuvent être les instrumens de la fermentation, et pour ne pas me répéter ici, je passerai à d'autres considérations.

Je vous ai dit plns haut que c'était comme par inspiration, que j'avais fait l'application de votre découverte à l'opération du mutisme: il en a été à-peu-près de même du premier essai que j'ai fait dans ces derniers temps à Paris, de l'emploi du camphre pour la même fin.

Sans cesse occupé de mon objet, toujours méditant, comme font d'ordinaire les gens à système, pour trouver des faits qui coïncident avec leur raisonnement ; considérant, d'un côté, que le camphre est le meilleur de

(1) De septembre 1813.

tous

tous les antiseptiques, c'est-à-dire, l'arme la plus puissante dont la médecine se sert pour combattre les maladies contagieuses (que j'attribue, ne vous en déplaise, aux animalcules, vu les effets salutaires obtenus à l'hôpital prussien de Torgau de l'emploi du camphre réduit en vapeurs) ; considérant que cette substance préserve les tissus de laine des mites, qui les dévoreraient sans cette précaution ; me souvenant enfin des anciens essais dont j'ai rendu compte par mon mémoire de 1810, où un très-grand nombre de cantharides et de cousins furent asphixiés par les vapeurs camphoriques, je me suis dit, comme je m'étais dit de l'oxide rouge de mercure : le camphre doit être antifermentescible. Pour m'en assurer, vu que nous n'étions pas dans le temps des vendanges, je composai un moût artificiel avec du sirop de raisin étendu d'une suffisante quantité d'eau, pour donner au mélange une pesanteur spécifique de treize dégrés à l'aréomètre de *Baumé*, densité qui est celle des moûts ordinaires, et pour remplacer le ferment, ou soit la matière végéto-animale de *Fabroni*, j'ajoutai à la masse, pour chaque litre de liquide, une demi-once de levure de bierre ; ce mélange, fait dans une terrine, fut partagé par égale portion en deux carafes de verre très-transparent, garnie chacune, à leur goulot, d'un tube recourbé, dont l'autre extrémité venait plonger dans un godet plein d'eau, afin de pouvoir compter les bulles de gaz qui se dégageraient des carafes, dans l'une desquelles j'avais mis, préalablement, six grains de camphre en petits fragmens, et que j'avais bien mêlé à la liqueur par une forte agitation.

Tout étant ainsi disposé, et mes deux carafes étant exposées l'une près de l'autre à une température de 25 à 30 dégrés, j'observai que celle où je n'avais pas mis de camphre était en pleine fermentation deux heures après, et qu'il s'en dégageait par le tube une quantité prodigieuse de gaz acide carbonique, tandis que le plus parfait repos régnait dans l'autre, et que trois ou quatre bulles, au plus, se pouvaient compter par chaque minute; ce qui s'est continué ainsi pendant quinze jours qu'a duré l'expérience, au bout duquel temps ayant essayé mes liqueurs, j'ai trouvé que celle non-camphrée était parfaitement vineuse, et était réduite à zero de l'aréomètre, tandis que l'autre, où j'avais mis le réactif, avait conservé toute sa saveur sucrée, et n'avait diminué que d'un dégré de pesanteur spécifique, d'où je conclus que le camphre est aussi antifermentescible. Ce fait me paraissant de nature à mériter l'attention de mes chefs, j'en informai M. *Malatret*, qui, piqué par la nouveauté, voulut répéter l'expérience avec moi; expérience qui fut faite de la même manière, avec le même soin, et dont les résultats étant aussi les mêmes, déterminèrent M. l'inspecteur-général *Laubert* à la rendre publique; d'autant plus que m'ayant fait faire l'essai du camphre sur du bouillon, qui fut par cela préservé de la putréfaction, il jugea que cette nouvelle connaissance pouvait devenir utile aux progrès de la science; il a daigné approuver mon zèle, mais il a mis cette restriction, dictée par la sagesse, et que j'ai pris pour épigraphe de la présente: *Les faits restent, et le temps efface les rêves de l'opinion*. Sentence qui prouve bien que M. *Laubert*, ainsi que vous, mon cher Valli, ne partage pas la mienne sur la cause efficiente de la fermentation; mais qui pourtant n'a pas empêché qu'il m'instruisît d'un fait de pratique que j'ignorais, lequel consiste, pour faire mourir la chrysalide du bombix, à enfermer les cocons à soie avec du camphre grossièrement divisé, dans des caisses bien fermées, ce qui suffit, à raison sans doute des vapeurs insecticides, pour s'opposer à la métamorphose des chrysalides en papillon, et par conséquent à la rupture du cocon; procédé bien moins embarrassant et bien plus expéditif que de les étouffer dans l'eau bouillante, par la chaleur du four, ou de les dessécher par des expositions réitérées au soleil, et autres pratiques encore en usage dans bien des pays.

Revenons à la fermentation vineuse; rassemblons les faits, et nous verrons ensuite à en tirer les conséquences.

J'ai dit qu'il était échappé jusqu'ici aux œnologues de parler de l'origine des moucherons de la vendange, ainsi que du rôle que peuvent jouer dans la fermentation vineuse les germes de ces insectes, de même que les anguilles du vinaigre dans l'acétification. N'est-on pas en droit de leur faire le même reproche sur le silence qu'ils ont gardé à l'égard des végétations connues sous le nom de fleurs de vin, qui se manifestent souvent à la surface du liquide dans un tonneau en vuidange? Ces fleurs, ces végétations sont sûrement des êtres organisés, puisqu'elles vivent, croissent et se reproduisent. C'est signe que le vin tourne à l'aigre, qu'il est malade, me diront les œnologues. J'en conviens, mais ce n'en sont pas moins des êtres organisés ; et si on les empêche de naître, ou qu'on les tue à leur apparition, par le mutisme au gaz acide sulfureux, non-seulement on préviendra la maladie du vin, ou on en arrêtera les progrès, mais encore on rendra le vin impropre à faire du vinaigre, comme le prouve l'assertion des vinaigriers d'Orléans, consignée au dictionnaire-général d'agriculture de *Rosier*. Quand sur ce fait je considère qu'il peut y avoir dans le vin des molécules organiques qui ont échappé à la fermentation tumultueuse, lesquelles, à mon sens, continuent le travail de la fermentation insensible, quand je considère que les vins pendant plusieurs années éprouvent à de certaines époques, comme au printemps et à la floraison de la vigne, des mouvemens intestins et des changemens d'état, que tout le monde admire et que personne n'explique ; quand je considère, enfin, qu'un coup de tonnerre qui éclate près d'un cellier, frappe pour ainsi dire de mort le vin dans les tonneaux, et le fait tourner à la pourriture, ne suis-je pas autorisé à croire que la fermentation, dans ses différentes périodes, n'est autre chose qu'un travail vital de végétation ou d'animalisation, puisqu'il y a toujours production d'animalcules ou de plantules, et que les phénomènes chimiques qui en résultent, tels que la vinification du moût, l'acétification du vin, et la putréfaction du vinaigre en sont les effets; effets qui n'ont pas lieu si on mêle au moût des substances antifermentescibles, telles que les oxides de mercure et de soufre, le camphre, etc.

Les fleurs qui viennent sur le vin, les moucherons de la vendange, les anguilles du vinaigre, ainsi que cette substance charnue qu'on nomme vulgairement la mère du vinaigre, laquelle augmente de volume et se multiplie à la manière des polipes, sont sûrement des êtres organisés. Prétendre que les germes sont apportés de dehors, serait une erreur; j'ai une preuve du contraire qui, je crois, mérite place ici.

Dans une expérience que j'ai faite à Paris, au mois de juin dernier, tendante à composer du vin de toutes pièces, par la combinaison du sirop de raisin avec les sucs des fruits acides, tels que la groseille, la cerise, etc.; je me servis de levure de bierre pour remplacer le ferment naturel du moût; la fermentation, comme on peut le penser, eut lieu et s'est opérée très-parfaitement; mais ce qu'on aurait peut-être peine à croire si la chose ne s'était pas faite publiquement, et si M. *Laubert*,

après

après l'avoir vue, n'en avait pas fait mention dans son annonce au bulletin de pharmacie, c'est que cette fermentation de vin artificiel a rempli tout l'hôtel du Jour, où se faisait l'expérience, d'une multitude de moucherons, absolument de même espèce que ceux des vendanges; c'était, comme je viens de le dire, au mois de juin, époque bien éloignée du décuvage; c'était à Paris, où sûrement on ne fait pas de vin naturel, et où, par conséquent, il est impossible qu'il y eût dans l'air des germes de moucherons légitimes, et néanmoins ils ont paru en abondance. Or, comment expliquer le fait, si ce n'est par la levure de bierre qui, à mon sens, n'étant qu'un amas de germes tous formés, lesquels ayant trouvé dans le sirop de raisin une nourriture propre à leur assimilation, se sont développés à la faveur de l'eau, de la chaleur, et des autres circonstances que j'avais réunies pour obtenir une bonne fermentation. Un autre fait, non moins important, c'est qu'ayant distillé le dépôt de mon vin artificiel pour reconnaître la proportion d'alcool qu'il pourrait fournir, et m'étant aperçu, par la dégustation du résidu, qu'il n'était pas entièrement épuisé de matière sucrée, je le mis tout bouillant dans une grande jarre de terre, avec une quantité proportionnelle de levure de bierre, ce qui me produisit, au bout de huit jours, une nouvelle nuée de moucherons que j'ai fait voir à M. *Boullay*, à M. *Gérard*, pharmacien principal, et plusieurs autres collègues ; cette jarre a resté dans un coin de la cour de l'hôtel, où j'ai prié M. *Coulon* de vouloir la laisser jusqu'au printemps, pour savoir si à cette époque il en sortira encore des moucherons ; je lui ai aussi laissé une cruche de vinaigre, préparé avec le sirop de raisin et la levure de bierre, par la méthode décrite aux annales de chimie, tome 87, page 35, lequel vinaigre a produit aussi beaucoup de la même espèce d'insectes.

Tous ces faits, mon cher Valli, viennent bien à l'appui d'un autre, tout aussi concluant, sur la transformation de la levure de bierre en animalcules ; mais comme il est rapporté, p. 272, même tome des annales de chimie, je vous en fais grace ici. Néanmoins, je ne puis me dispenser de vous parler d'une autre métamorphose qui tient vraiment du prodige, et qui fait suite nécessaire de l'objet qui nous occupe.

Ayant fait, comme je vous ai dit plus haut, du vin de toutes pièces, et la fermentation ayant été très-tumultueuse, il s'est formé, au haut de la cuve, une quantité considérable d'écume, provenant sans doute des parties parenchymateuses et albumineuses des groseilles, comme aussi d'une partie de levure de bierre, rejettée par l'effervescence. Voulant savoir ce que deviendrait ce magma, j'y ajoutai un peu de poudre d'amidon, pour lui donner la consistance d'une pâte malléable, comme celle de pain, et je partageai la masse en deux portions égales, dont l'une fut cuite au four, et l'autre portée chez M. *Laubert*, pour qu'il pût, sans se déplacer, examiner et suivre les phénomènes successifs que cette pâte pourrait présenter.

Je m'attendais bien, à-peu-près, à ce qui arriverait, parce qu'on sait depuis long-temps que la combinaison de l'albumine avec la fécule amilacée produit une espèce de fromage (en effet cette pâte en avait le goût), et que tout fromage donnant, tôt ou tard, naissance à des insectes, il devait nécessairement en sortir de celui-là; mais je fus bien surpris lorsqu'étant revenu, huit ou dix jours après, pour savoir ce qu'il en était advenu, d'apprendre par les gens de la maison, et de M. *Laubert* même, qu'on avait été obligé de jetter au loin le susdit fromage, à cause des insectes de toute espèce qui s'étaient répandus dans le logis, et qui y devenaient insupportables. M. *Laubert* me communiqua, à cette occasion, plusieurs réflections philosophiques sur les moyens divers que la nature emploie pour la production des êtres animés, et combien peu il lui en coûte pour les multiplier à l'infini. O *Buffon*, *Buffon*! pourquoi êtes-vous venu avant la chimie pneumatique? O *Lavoisier*, *Lavoisier*! pourquoi n'êtes-vous venu qu'après le génie de la nature? Vous avez, *Grands hommes*, chacun séparément, illustré la France ma patrie; l'un par le charme du pinceau descriptif, qui fait adorer le Créateur dans toutes ses œuvres; et l'autre pour avoir dissipé les ténèbres des quatre élémens. O *Buffon*! ô *Lavoisier*! pourquoi n'avez-vous pas vécu dans le même-temps sans envie et en amitié? Éclairés l'un par l'autre, vous eussiez été, ensemble, comme un nouveau soleil, d'où serait découlé une nouvelle lumière. Toutefois et toujours : Gloire à DIEU, honneur à *Buffon* et à *Lavoisier*.

Vous venez de voir, Docteur, que cette portion du fromage artificiel, abandonnée à la décomposition spontanée, s'est entièrement changée en animalcules : hé bien! il en a été tout autrement de l'autre portion mise au four, les germes déjà formés par l'affinité générative des molécules organiques ont été cuits, et celles-ci, rendues à leur vie privée, se sont réorganisées végétalement, et ont formé des moisissures tellement abondantes, que toute la masse, au bout d'un mois, ne faisait plus qu'un touffe, laquelle a fini par se réduire en poussière, comme les vers de votre paysan de Mantoue. Ici je n'ai pas besoin de dire que si j'avais mêlé à la pâte de mes deux fromages un peu de précipité rouge ou du sublimé corrosif, toutes ces générations d'animalcules et de plantules n'auraient pas eu liéu, et que seulement les masses se seraient desséchées comme il est arrivé à la colle de farine, qui fait le sujet de l'expérience ci-dessus rapportée, et vous sentez les conséquences que j'en tire; mais dans la crainte que vous me dissiez encore que je prends l'effet pour la cause, je me tais et je vais tâcher de répondre aux objections que vous me faites.

La plus forte est celle où vous dites qu'il faudrait, pour que mon hypothèse fût admissible, que tous les vermicides fussent antifermentescibles : votre proposition, en cela, est outrée et ne cadre pas avec les choses connues, même en médecine. Qui ne sait pas que telle substance qui est un poison pour certains animaux ne l'est pas pour d'autres; la mousse de Corse est un excellent vermifuge contre les lombrics, et ne fait rien au tœnia, qui ne peut être attaqué avec succès que par l'étain ou la racine de fougère mâle, etc. Au reste, j'ai démontré cela par des expériences directes, lesquelles sont consignées, page 65 et suivantes de mon mémoire de 1810, d'où il résulte que le tabac, la mousse de Corse, le semen-contra, etc., tuent ou ne tuent pas les différentes espèces d'insectes que j'ai soumis à leur action; tandis que les préparations mercurielles et le camphre, n'ont fait grace à aucune. Ainsi, par la même raison que les différens anthelminthiques que la médecine emploie ne sont pas également efficaces contre toutes les espèces de vers, il n'est pas étonnant que le staphisaigre et le sel essentiel de la coque du levant, ne fassent rien aux fermentateurs et aux putréfacteurs, qui peuvent être de telle espèce, que ces drogues ne leur puissent rien, tandis que les oxides de mercure et de soufre, ainsi que le camphre, sont leurs poisons communs; comme le prouve l'expérience du mutisme, où ces trois agens produisent le même effet.

Je dois ici répéter ce que j'ai dit dans mon dernier mémoire, que, d'après les connaissances chimiques rassemblées par *Fourcroy*, il est reconnu que l'un des caractères distinctifs du soufre et du mercure est de tuer les vers et les insectes; principe qui se rattache à mon hipothèse, au lieu que je ne trouve, dans les archives de la science, rien qui puisse justifier l'opinion où vous êtes que c'est l'oxigène du précipité rouge, dégagé de sa base, à l'état solide, qui produit l'effet antifermentescible. Je puis en cela vous objecter que pour que votre théorie fût admissible, il faudrait que les autres oxides métalliques produisissent le même effet, et malheureusement l'expérience prouve le contraire, puisque celui de manganèse, qui est un de ceux qui abandonne son oxigène avec le plus de facilité, n'empêche ni la fermentation vineuse ni la putréfaction, non plus qu'il ne tue les insectes, et que d'ailleurs l'oxigène à l'état gazeux, loin de s'opposer aux décompositions spontanées les favorise singulièrement.

Vous vous êtes fixé sur cette opinion, parce que la désoxidation du précipité rouge dans l'opération du mutisme est manifeste, par sa rétrogradation du rouge au noir; mais vous n'avez pas considéré qu'en se dégageant, même à l'état de gaz, il peut bien entraîner avec lui, en état de dissolution, quelques particules de mercure, auquel cas on pourait dire que c'est le gaz oxigène mercuré qui agit en qualité d'insecticide. L'air atmosphérique, et par conséquent le gaz oxigène qui en fait partie, est un très-puissant dissolvant du mercure; tout le monde sait qu'il y a du danger à se tenir renfermé dans une chambre close où il y a du mercure exposé, par une grande surface, au contact de l'air ; que ce métal fluide, sur tout lorsque la température est un peu élevée, répand une odeur désagréable et occasionne des maux de tête. Ne savons-nous pas d'ailleurs, nous autres officiers de santé militaires, qu'il n'est pas rare dans les salles des vénériens soumis au traitement mercuriel par les frictions, de voir des hommes qui ne sont pas encore frottés, être attaqués de salivation par la seule influence de l'air ambiant, preuve non équivoque qu'il y a du mercure en dissolution dans ce fluide, et que les corpuscules métalliques portées dans le sang par la respiration produisent le même effet que si elles étaient absorbées par la peau. Or, si la très-petite quantité de mercure tenue en dissolution dans l'air d'une salle de vénériens produit un effet si énergique sur des hommes, que ne sera-ce pas de celui que pourra produire le mercure dissout dans le gaz oxigène, qui se dégage du précipité rouge dans l'opération du mutisme, sur des germes d'animalcules dont l'existence est si frêle, aussi meurent-ils tous ; d'où je conclus, mon cher camarade, que nous pourrions bien avoir raison l'un et l'autre; vous, parce que l'oxigène qui se dégage du précipité rouge sert de véhicule au mercure, pour, à l'aide du calorique, le porter à l'état de gaz ;

et moi, parce que le gaz oxigène mercuré tue les animalcules et les plantules, instrumens des fermentations et des putréfactions.

Quant à l'autre objection que vous me faites à l'égard du sucre, il m'est facile d'y répondre : le sucre est sans doute vermicide, puisque *Vallisneri* et *Nannoni* l'ont dit ; mais il est aussi antifermentescible. C'est sur cette propriété qu'est basé l'art du confiseur pour avoir des fruits en toute saison, et que la pharmacie conserve à la médecine, pendant toute l'année, des ressources que la nature n'offre qu'en certains temps, ou qu'on ne peut pas toujours avoir sous la main, ni dans tous les pays, en état de fraicheur ; je ne dis pas seulement des produits végétaux, mais encore des substances animales, le sirop de tortue, celui de mou de veau en sont des exemples. Donc, le sucre vermicide est aussi antifermentescible et antiputride ; je dis plus, il n'est pas fermentescible par lui-même, car pour qu'il se transforme en alcool, il lui faut, dans de certaines proportions, de l'eau, de la chaleur, de l'air, et surtout le ferment.

A l'égard de l'objection contraire que vous me faites, des substances qui s'opposent à la putréfaction, sans pourtant être vermicides, telles que le charbon et l'alun, je dirai, pour la première, que sa propriété se borne à masquer momentanément la putréfaction des viandes trop mortifiées, à raison de sa grande attraction pour le gaz hidrogène, qui est toujours le véhicule de l'odeur putrescente; on connaît ce fait, mais, que je sache, on n'a pas encore employé le charbon pour conserver les viandes d'année en année, comme cela se pratique pour la salaison; opération toute mécanique qui doit se rapporter à l'emploi qu'on peut faire de l'alun, en ce que les molécules salines ayant pénétré, au moyen de l'humidité, dans l'interstice des fibriles musculaires, et autres particules animales, et s'y étant cristallisées par la dessication, forment comme autant de barrières entre les molécules organiques, qui, dès-lors, ne pouvant plus se réunir, ne peuvent non plus s'organiser en animalcules, ni par conséquent travailler au grand œuvre de la destruction. Au reste, l'alun contient du soufre, et par cela même peut bien agir dans certains cas comme insecticide; on l'emploie, je crois, pour accélérer l'opération du tannage.

Ces premières difficultés levées, il me faut encore répondre à votre objection des chairs, qui, dites-vous, étant renfermées dans des cloches remplies d'azote ou d'hydrogène, ne subissent aucun changement sensible. Vous êtes ici dans l'erreur, mon cher Valli, les expériences de M. *Fray*, et notamment celle que j'ai cité page 19, prouvent le contraire; les substances végétales et animales qu'il a soumis aux épreuves de ces deux gaz, toujours humectées d'eau s'entend, ont passé également à la décomposition spontanée, et ont donné naissance à des animalcules ou à des plantules. Je ne sais pas si l'oxigène de l'eau employé dans ces expériences a contribué pour quelque chose aux résultats; mais je sais bien que M. *Vauquelin* a démontré, dans son dernier cours, que la fermentation vineuse ne pouvait pas avoir lieu dans le vide, et qu'au contraire elle se manifestait dès qu'on introduisait dans la cloche pneumatique un peu d'air atmosphérique. Mais tout cela ne change rien à mon hypothèse, et prouverait, tout au plus, qu'il faut la présence d'un fluide élastique pour favoriser la naissance de mes animalcules et mettre la fermentation en train, observant pourtant que tel gaz propre à tel insecte ou à telle plantule, serait nuisible à d'autres, comme l'a observé M. *Fray*.

Mais, me dites-vous: « Si la putréfaction et » la fermentation déjà établies s'achèvent quoi- » qu'on se défasse des vers moyennant l'oxide de » mercure, etc. » Vous vous trompez, Docteur!

ne vous ai-je pas dit, cent et cent fois, que la fermentation vineuse était arrêtée comme par enchantement à toutes ses périodes au moyen de votre réactif (1)? Ne vous ai-je pas dit que j'avais en quelque façon rasainie et conservé long-temps, par le même moyen, la moitié d'un lambeau de gangrène pris sur un cadavre, tandis que l'autre moitié placée dans les mêmes circonstances, moins l'oxide rouge de mercure, est tombé en peu de jours en parfaite dissolution. Au nom de Dieu, Valli! ayez de la mémoire, ou, pour mieux faire, relisez le bulletin de pharmacie de septembre dernier, page 414, où vous verrez que le précipité rouge arrête radicalement la décomposition commencée de l'encre à écrire, dont la moisissure provient, sans doute, des molécules organiques de la noix de galle; ce qui me fait présumer que le même effet doit avoir lieu dans les teintures aqueuses de quin-quina, de rhubarbe, etc. Au reste, il n'y a point de règles sans exceptions, et j'ai déjà fait un grand pas en vous faisant convenir que les animalcules et les plantules peuvent être les promoteurs des décompositions spontanées.

Venons actuellement aux questions que vous me faites sur le dégré d'énergie du camphre

(1) Voyez mon mémoire de 1810, page 9.

dans sa propriété antifermentescible ; je n'en ai point encore fait l'expérience sur le suc gastrique, ni sur la rhubarbe, etc. Ainsi, je ne puis rien répondre à cela ; je sais seulement que le camphre empêche la fermentation du moût artificiel, dont vous avez vu plus haut la composition ; qu'il s'oppose également, quoique moins complettement, à celle du moût naturel, ainsi que j'en ai rendu compte dernièrement à M. *Laubert* ; je sais, enfin, qu'il empêche la putréfaction du bouillon. Mais je n'en sais pas davantage, on ne peut faire qu'en faisant ; avec le temps nous en saurons davantage : au reste, chacun peut à part soi faire des expériences, et je suis bien persuadé, mon cher Valli, que vous n'êtes pas en arrière à cet égard.

Le camphre contient-t-il de l'oxigène, me demandez-vous ? Il n'y a pas de doute à cela, puisque cette substance, qui n'est autre chose qu'une huile essentielle concrète, peut s'imiter artificiellement par l'oxigénation d'autres huiles essentielles liquides, telles que celle d'aspic, de térébenthine, etc. ; mais je ne pense pas que le camphre se décompose dans l'opération du mutisme, puisqu'après mes différentes expériences, les portions non dissoutes se sont trouvées sans altération à la surface du liquide.

Je crois d'après cela que dans sa propriété anti-fermentescible il agit comme matière diffusible et pénétrante, ainsi que nous en avons la preuve par l'asphyxie des vers à soie dans le cocon à tissu serré, que l'oxigène à l'état solide, ni même gazéiforme, ne peut sûrement pas pénétrer.

Voilà je crois, à peu près, remplie la tâche que vous m'avez imposée, et je puis à présent donner du champ aux élans de mon imagination sur les causes morbifiques que j'attribue, avec cent autres systématiques bien plus fameux que moi, aux germes d'animalcules ou de plantules, qui, apportés du dehors ou générés intérieurement, produisent par leur développement et multiplication le désordre dans l'économie animale.

Vous n'êtes point admis, me dira-t-on, à raisonner médecine, j'en conviens; aussi n'est-ce point un raisonnement que je veux faire: c'est, en vertu de mon épigraphe, un rêve que je veux raconter; tout le monde peut rêver en fait de médecine : les somnambules magnétiques, enfans du docteur *Mesmer*, rêvent les yeux fermés; ainsi je puis rêver les yeux ouverts.

Mais comme un rêve, sans quoi il serait délire, est toujours la représentation des choses vues, ou au moins aperçues, commençons par établir

établir les faits connus de maladies où il y a présence de vers et autres insectes, et nous aviserons ensuite s'ils en sont la cause ou l'effet.

Les livres de médecine, dites-vous, sont remplis d'exemples frappans de générations nouvelles. — N'allons pas nous perdre dans des recherches bibliographiques, et contentons-nous de faits que les vivans puissent attester, sans qu'il soit besoin du témoignage des morts. L'histoire de votre paysan de Mantoue, les vers qui s'engendrent sur les plaies, le ciron de la gale, les hydatides de la matrice, les cucurbitins hépatiques des moutons, dont je vous citerai un fait remarquable, et enfin les insectes rongeurs des acridophages, suffiront pour baser mon rêve; et si cela ne vous suffit pas, vous pourrez vous adresser à MM. les frères *Reycent*, libraires à Turin, qui firent, dans le temps, imprimer la dissertation d'un médecin anglais sur les insectes morbifiques, avec une gravure d'au moins quatre-vingts espèces distinctes tirées du sang, de la salive, de l'urine et autres humeurs d'hommes attaqués de différentes maladies; le ciron de la gale y tient le premier rang, il est auprès des autres (tous vus au microscope) ce qu'est un éléphant à côté d'un petit chien. Ainsi, il n'est pas étonnant que tant de gens qui révoquent encore en doute l'existence de l'animalcule psorique, parce qu'il ne l'ont pas vu, nient formellement qu'il puisse en exister d'autres infiniment plus petits, malgré l'assertion de *Liewenœck*, sur la multitude innombrable de ceux de ses narines.

Le ciron de la gale existe, je n'en doute pas, trop de personnes l'assurent pour que ce puisse être une fable ; d'ailleurs la manière dont se propage la maladie et les méthodes adoptées pour son traitement le prouvent assez. Mais, me diront ceux même qui ont vu le ciron, c'est la maladie qui par la dégénérescence des humeurs donne naissance à l'insecte, et ce n'est point l'insecte qui cause la maladie! Je le crois puisqu'on me l'assure, mais cela ne m'empêchera pas de croire aussi que le soufre, les préparations mercurielles, le camphre et plusieurs autres drogues insecticides sont aussi antipsoriques. Les vers qui s'engendrent dans les plaies sont de taille à ne pas exiger de microscope pour être aperçus, et malheureusement il y a peu de chirurgiens, surtout parmi ceux des armées, qui n'aient souvent eu à gémir sur le sort de quelques infortunés rongés vivans par ces insectes. Mais on ignore leur origine! Ils ne viennent surement pas de l'extérieur, puisque les soins les plus assidus, la plus exacte propreté,

et

et le renouvellement complet de l'appareil au pansement du soir, n'empêchent pas qu'ils ne fourmillent encore le lendemain. Le cas que vous rapportez de cette nouvelle espèce observée par M. le docteur *Concordi*, non plus que les dévorateurs des peuples acridophages d'Etiopie, dont *Buffon* parle, ainsi que vous, ne laissent aucun doute des vivans dans le vivant; mais, hélas! il n'y a que ceux qui sont perceptibles à la vue et au tact dont on ne veuille pas disconvenir, et on ne peut se figurer qu'il puisse en exister d'assez petits pour échapper à ces deux sens, les hydatides des moutons, des lièvres, des lapins, etc., celles qui s'engendrent aussi dans la matrice de la femme, d'après les belles observations de M. l'inspecteur-général *Percy*, qui, en fait de grande chirurgie, ne le cède sûrement à qui que ce soit. Tous ces faits, dis-je, devraient faire penser qu'il peut y avoir d'autres animalcules dans les grands animaux, et qui vivent de leur substance; mais il faudrait les voir, et malheureusement tout le monde n'a pas une bonne vue, et plus malheureusement encore, la plupart de ceux qui ont des yeux observateurs, ne sont pas assez riches pour posséder un bon microscope.

Mais, que dis-je, et à quoi servirait que certains docteurs eussent des microscopes et qu'ils vissent dans les humeurs une espèce d'insecte pour chaque maladie, persuadés d'avance qu'ils en sont les effets, ils ne conviendraient jamais qu'ils puissent en être la cause. C'est ce qui arriva pendant les derniers temps de mon séjour à Alexandrie, où une épizootie enleva presque toutes les bêtes à laine d'une commune voisine. MM. les docteurs *Ratazzi* et *Grillo*, furent consultés sur la nature de cette maladie; ils firent l'ouverture de plusieurs cadavres de ces animaux, et trouvèrent que le foye et la vessicule du fiel étaient remplis de vers blancs, à peu près de la forme et de la grosseur d'une graine de courge ; et leur prononcé fut, que ces insectes étaient le produit d'une maladie causée par la mauvaise qualité de paturage. J'eus occasion d'en parler à ces messieurs, et de leur observer que les germes de ces animalcules, répandus ou générés accidentellement dans la prairie, et avalés avec l'herbe dont les moutons s'étaient nourris, pouvaient avoir été portés dans le sang par les vaisseaux chylifères et charriés ainsi jusqu'au foye, où la chaleur de ce vicère les avaient fait éclore, et que par suite, les vers en rongeant la substance de l'organe hépatique, avaient produit la maladie. Mais ils me répondirent, comme je m'y attendais, que je prenais l'effet pour la cause.

Voilà, je crois, assez d'exemples d'insectes qui accompagnent les maladies. On peut, à leur égard, renouveller l'ancienne dispute des effets et des causes; mais je n'y veux pas entrer, et je dois me borner, ici, à dire ma manière de voir sur leur existence dans les grands animaux vivans, et de leur influence sur l'économie animale.

Je conçois deux manières dont peuvent s'engendrer, dans le corps vivant, les animalcules en question, par affinité générative des molécules organiques, et par germes tout formés apportés du dehors. Prenons pour premier exemple les malheureux acridophages d'Éthiopie, dont le destin est de mourir rongés; condamnés à ne vivre que de sauterelles, leurs chairs ne peuvent être composées que des espèces de molécules organiques qui composent ces petits animaux, et ces molécules peuvent être de tel ordre, qu'elles s'assimileront bien à la nature humaine, mais non par cette combinaison intime qui fait la bonne constitution, telles par exemple que celle qui résulte de l'union des molécules organiques des graines céréales, de la chair de bœuf, de galinacées et autres bonnes nourritures, qui vraisemblablement sont plus analogues à l'essence humaine. Or, cet assemblage de molécules organiques dont l'affinité d'assimilation, à l'égard de l'homme, est très-faible, sera plus sujette à se rompre, et ces petits êtres élémentaires de la vie commune, seront plus sujets à se séparer pour reprendre leur vie privée, ce qui en effet arrive à l'âge de quarante ans des acridophages, époque où les forces de la vie commune viennent à diminuer; alors les molécules organiques, qui déjà n'étaient unies que faiblement, se séparent de la combinaison humaine, pour s'unir sous une autre loi générative, et former les insectes dévorateurs qui commençant a exciter de vives démangeaisons, finissent par ronger vivant le mangeur de sauterelles.

Ce que je viens de dire des acridophages peut s'appliquer à votre paysan de Mantoue; il ne vivait pas de sauterelles, mais l'infortuné n'avait peut-être pour aliment que des substances dont les molécules, encore plus dissemblables à la nature humaine, se sont réunies au tour de son pharynx, pour former le dépôt de demi-cucurbitains, qui firent tant *orrore et ribrezzo* à votre collégue M. *Concordi*.

Ce que je viens de dire des acridophages et du mendiant de Mantoue, je pourais le dire de plusieurs centaine de mille braves soldats, qui accablés, pendant la dernière campagne d'Alemagne, de fatigue et de mauvaise nourriture, couverts de lauriers et vêtus de haillons, ont péri de dyssentérie épidémique, dans le temple du démon de la guerre, ou du faux roi, à qui vous rapportez justement le sacrifice des victimes gélées à Moscou. Mais je ne veux pas m'appésantir sur ces souvenirs douloureux, d'autant plus que ce serait en vain, si j'allais vous dire que la phthisie intestinale, cet écueil de la médecine militaire, peut dépendre des mêmes causes, quoique pourtant vous vous serviez de l'oxide rouge de mercure pour la traiter, et que *Buffon* affirme qu'on trouve des molécules organiques vivantes dans les excrémens des hommes devoyés.

La seconde manière dont je conçois l'existence des insectes dans le corps humain, consiste dans l'introduction, par une voie quelconque, de germes déjà formés à l'extérieur, soit par copulation d'insectes existans, ou par affinité générative des molécules organiques.

Avez-vous quelquefois observé sur les marais, ou autres eaux croupissantes, pendant les grandes chaleurs de l'été, soit au lever ou au coucher du soleil, alors que vos regards font un angle droit avec la direction de ses rayons; non-seulement ces nuées d'insectes qui voltigent à la surface de l'eau, mais encore une foule d'atômes flottans dans l'air, lesquels sont perceptibles à cause de la position de l'observateur, par rapport à la direction de la lumière, mais qui disparaissent dès qu'il change de place, ou que le soleil a quité l'horison.

Que l'on considère actuellement les effets pernicieux d'un nuage qui, formé sur cette eau, et qui, porté par le vent à la cité voisine ou dans une autre contrée, vicie l'air, comme on dit, et frappe d'épidémie les peuples désolés. On sera bien forcé d'avouer, que sur le marais, le nuage n'est pas seulement composé d'eau en vapeurs, et qu'outre le gaz hydrogène sulfuré, ou carboné, ou phosphoré, qui sont, je crois, les seules matières aériformes qui s'en dégagent, et dont le nuage peut être imprégné, il y a encore autre chose qui jusqu'ici a échappé à la perspicacité médicale, et à l'analyse chimique, puisque les médecins avouent, de bonne foi, ne savoir pas ce que c'est, sinon une vapeur délétère; et que la chimie pneumatique, pour qui ce n'est qu'un jeu, de faire des gaz illariant, asphyxiant, tonnant, etc., n'a pu encore, Dieu merci, imiter par toutes les combinaisons possibles de matières aériforme, les émanations des marais Pontins, du lac de Mantoue, etc., porteuses de la fièvre, de jaunisse, des obstructions et de la mort.

Ce que je viens de dire des émanations d'eaux

croupissantes, peut se dire de celles qui s'exalent des hommes attaqués de maladies de mauvais caractère : un seul typhus, dans une salle d'hôpital, en infecte l'air et agrave toutes les autres maladies, quoique pourtant l'eudiomètre n'indique que quelques faibles changemens de proportion dans les constituans de l'air atmosphérique, sans jamais nous faire connaître la nature du principe morbifique. Or, ces émanations des marais, de même que celles des hommes attaqués de maladies contagieuses, les miasmes, enfin, qu'on nomme ainsi, parce qu'on n'en a aucune idée exacte, ne peuvent-ils pas être considérés comme des germes formés par l'affinité générative des molécules organiques provenant de la décomposition des matières végétales ou animales en macération dans le marais, ainsi que nous en avons presque l'assurance par les corpuscules que nous avons vus à la faveur des rayons du soleil, ou formée dans la transpiration cutanée et pulmonaire des malades; lesquels germes répandus dans l'air et reçus par l'absorbtion de la peau, ou la respiration des hommes sains, et étant portés, ensuite, par le sang dans les différens vicéres, s'y développent, vicient les humeurs en agissant à la manière d'un ferment, et produisent, enfin, la maladie dans l'homme sain, comme le levain panaire produit la fermentation dans une masse de pâte.

Cette idée de comparer le germe des maladies contagieuses à un ferment, n'est point nouvelle et se trouve confirmée par les inoculations, où un atôme de virus introduit sous l'épiderme, suffit pour donner à l'inoculé la même maladie dont était affecté le sujet de qui on l'a tiré, et je crois d'autant plus que les virus sont des germes d'animalcules ou des molécules organiques propres à les former, que les insecticides et les antifermentescibles sont précisément les grands moyens que la médecine emploie pour combattre les maladies contagieuses, et même pour les prévenir après l'inoculation. Ne m'est-il pas tombé entre les mains plusieurs de vos recettes de solution de sublimé corrosif dans l'eau distillée, pour arrêter les progrès des gonorrhées commençantes ; remède qui ne manque jamais son effet : comment agit-il ? En neutralisant le virus, me direz-vous ; ce qui à mon sens signifie la même chose que si vous me disiez : il agit en tuant les animalcules de la gonorrhée. Comme je suis persuadé que le mercure appliqué en friction sur la peau, et pénétrant dans le sang par les vaisseaux absorbans, guérit la vérole en tuant les animalcules syphilitiques.

D'autres faits qui me confirment encore dans

mon opinion, sont les guérisons rares que vous avez opérées par l'oxide rouge de mercure, telles que les phthisies intestinales et le cancer de madame Viani, ainsi que plusieurs phthisies pulmonaires que vous avez traité avec succès, par le mercure doux et l'opium à forte dose. Or, dites-moi si dans ces cas c'est encore l'oxigène qui opère, et s'il n'est pas plus naturel de croire, d'après tout ce qui précède, que c'est le mercure qui agit en sa qualité d'insecticide.

Je pourais ici citer beaucoup d'autres maladies que l'on guérit, sans pouvoir se rendre raison de la manière d'agir des médicamens ; mais c'est assez, et il m'en faut venir aux prophylactiques.

Le plus fameux, le plus digne de l'être, celui qui a rendu le plus de service à l'humanité, celui à qui je dois en particulier ma conservation, au travers de quatre maladies épidémiques où j'ai agi en ma qualité d'officier de santé ; celui, enfin, que je ne puis dire, avant d'avoir payé mon tribut d'hommage et de reconnaissance au justement célébre *Guitton de Morveau* ; le plus puissant désinfectant, dis-je, est sans contredit le gaz acide muriatique oxigéné. Mais sait-on comment il agit ? On a cru d'abord que c'était en sa qualité d'acide, mais les miasmes ne sont pas alkalins ; ainsi il n'y a point ici de neutralisation, d'autant mieux que plusieurs médecins assurent que le gaz ammoniacal pur jouit aussi de la propriété désinfectante. Comment donc agissent-elles ? En tuant les germes d'animalcules ! Je tire cette conséquence de mes expériences insecto-pneumatique (1) par lesquelles j'ai reconnu que le gaz acide muriatique oxigène, ainsi que le gaz acide sulfureux tue les animalcules, et comme ce dernier est aussi un des plus puissant désinfectant, notamment des miasmes et virus psorique, il y a lieu de croire qu'ils agissent de la même manière. Au reste, le camphre qui n'est ni acide ni alkali, et qui par conséquent ne peut agir par neutralisation, n'en est pas moins reconnu pour le plus puissant antiseptique ; il est aussi prophylactique et sanifiant, ainsi que nous en avons la preuve par mon expérience de Torgau, et par les propriétés du vinaigre des quatre voleurs, dont il est la base ; le camphre, enfin, est antifermentessible et insecticide.

A ce que je viens de dire de cette précieuse substance, on peut ajouter l'usage où sont plusieurs médecins d'entretenir toujours un morceau dans la bouche lorsqu'ils entrent dans des salles de malades suspects de contagion ; précaution qui les préserve du danger de contracter la ma-

(1) Voyez mon mémoire de 1810, page 66.

ladie ; ce qui se conçoit facillement, par celà seul que les germes morbifiques, que l'on peut humer avec la respiration, sont détruits à leur passage, par le camphre dont la salive est imprégnée, au lieu que sans ce préservatif ils sont portés vivans, par la déglutition, jusques dans l'estomac, où ils occasionnent un changement d'état qui produit des nausées, premier symptôme de la maladie ; auquel cas le meilleur moyen pour en prévenir les suites est de prendre sur-le-champ un vomitif, comme je l'ai vu pratiquer en pareille circonstance, par plusieurs de nos collègues, dans les hôpitaux des armées.

Je pourrais continuer encore long-temps de citer des faits coïncidans avec la théorie des animalcules considérés comme cause des maladies contagieuses ; mais, vu que les plus belles théories ne sont rien en médecine, et que l'essentiel est d'enrichir l'hygiène et la térapeutique de moyens sûrs de conserver la santé et de la rétablir. Je finis ici mon rêve médical, et le livre au sort commun de tous les rêves de son espèce, pour reprendre, en ma qualité de pharmacien, le fil de nos expériences, et me rattacher au solide, c'est-à-dire, aux applications utiles qu'on en peut faire.

Il est certain, ce sont vos mots, et j'en suis sûr, « 1.° que l'oxide rouge de mercure pré-

» vient ou arrête la décomposition spontanée » des substances, soit végétales ou animales ; » 2.° que par cette opération elles ne sont nullement dénaturées ; 3.° que loin de devenir » dangereuses et mortifères, elles acquièrent » des propriétés et des vertus nouvelles. »

Ce principe posé, et une fois reconnu, je vois d'avance les médicamens les plus précieux du régne végétal, tels que la serpentaire de virginie et la valériane, comme antiseptiques; le semen contra, la mousse de Corse et la fougère mâle, comme authelmintiques, etc., par le talent du pharmacien habile, de concert avec le médecin prudent, passer du laboratoire magistral à l'officine, avec des vertus d'autant plus énergiques, qu'outre la qualité antiseptique et vermicide que le réactif leur communiquera, on aura pu les préparer par de longues macérations à froid, au lieu que la chaleur bouillante des décoctions qui, dissipant en grande partie leurs principes aromatiques, diminuent d'autant leurs propriétés. La teinture aqueuse et incoruptible d'absinthe, si en vogue à Vénise, et qui a tant contribué à la fortune du riche pharmacien M. *Mantovani*, à raison des envois considérables qu'il en fait dans le Levant, est une preuve des avantages que la médecine peut retirer des infusions aqueuses des plantes aromatiques, rendues incoruptibles par un moyen quelconque. M. *Mantovani* ne nous a pas dit son secret, mais nous en avons ri, à Vicence, comme il vous en souvient sans doute, en pensant que nous en avions un équivalent, dans l'oxide rouge de mercure. Je vois aussi le suc gastrique du corbeau et autres oiseaux carnivores, ainsi que le fiel de bœuf que vous avez administrés si souvent avec tant de succès, prendre place parmi nos remèdes héroïques, et enrichir la matière médicale.

Il faudra sans doute bien du temps avant que la prévention où l'on est contre le mutisme mercuriel soit dissipée, et des expériences faites avec prudence, et souvent réitérées, pour que ces préparations soient avouées; mais le temps qui vient à bout de tout réussira sans doute en faveur de l'oxide rouge de mercure, comme il a réussi en faveur de l'émétique, jadis proscrit par le parlement de Paris.

Quant à l'emploi que l'on peut faire de nos réactifs antifermentescibles comme moyen prophylactique et désinfectant, on n'a pas besoin d'attendre, et on peut de suite les mettre en pratique. J'ai déjà indiqué le camphre comme moyen de conserver en mer l'eau douce, destinée à la boisson des marins, et comme pouvant remplacer avec avantage, dans certains cas, les fumigations guittoniennes ; à quoi il faut ajouter qu'il serait sans doute utile, par la raison inverse de celle que j'ai donnée plus haut, que dans les hôpitaux où il régne des maladies contagieuses, on ordonnât aux malades qui en sont attaqués, de tenir constamment un morceau de camphre dans la bouche ; par ce moyen l'haleine au passage serait purifiée, et les vapeurs provenant de la transpiration pulmonaire, ne répendraient plus de miasmes dans l'air ambiant, ce qui serait un danger de moins pour les autres malades, et pour les personner chargées de les soigner.

Les principaux foyers de contagion dans les hôpitaux, sont sans doute les fosses d'aisances : les localités sont souvent telles, qu'il n'est pas possible de les placer hors du corps du bâtiment, ni de les vuider aussi souvent qu'il serait nécessaire, alors surtout qu'il y a encombrement de malades ; les masses énormes de matières fécales qu'elles renferment, et qui fourmillent de vers et d'insectes, exalent, par l'effet de la putréfaction, non-seulement les vapeurs infectes qui leur sont particulières, mais encore les germes morbifiques, et une telle abondance de gaz ammoniacal, qu'on risque quelquefois d'en être asphyxié. Trouver un moyen sûr, peu coûteux et de facile exécution de remédier à ces inconvéniens, serait sans doute un grand pas de fait vers le perfectionnement du service de santé, et je puis assurer d'avance que rien n'est plus aisé.

J'ai la certitude, par des expériences réitérées, que le muriate sur-oxigéné de mercure jouit de la propriété antifermentescible et antiputride, à un bien plus haut dégré que le précipité rouge ; d'après cela, je suis persuadé que si on répandait, de temps en temps, sur les matières fécales, dans les fosses d'aisance une solution de sublimé corrosif, seulement dans la proportion d'une once sur chaque vingt-cinq litres d'eau, on préviendrait toute corruption, et par conséquent toute émanation dangereuse.

Un autre moyen, non moins simple, mais qui n'est que palliatif, est de brûler souvent, sur-tout en été, de fortes mèches soufrées dans le conduit des latrines et dans les fosses ; le gaz acide sulfureux qui se forme par la combustion, se combine avec le gaz ammoniacal, ce qui produit du sulfite sous forme de nuage très-épais, qui bientôt se précipitant, laisse le lieu, au moins pour quelque temps, sans mauvaise odeur et sans danger pour ceux qui y viennent. J'ai éprouvé souvent ce moyen pour détruire le mauvais air des latrines, et il m'a toujours parfaitement réussi. Il ne fallait pas être grand sorcier pour l'imaginer ; mais comme les choses les plus simples sont souvent celles qui se présentent le moins à la pensée, j'en parle ici pour la suggérer à ceux qui pourraient être dans le cas d'employer utilement ce procédé.

Voilà, mon cher Valli, des moyens d'utiliser nos réactifs antifermentescibles, antiputrescibles, insecticides, etc.

Vous partez pour l'Amérique, où sans doute vous n'allez que pour vos menus-plaisirs ordinaires, de batailler avec la peste, la fièvre jaune, et autres maladies contagieuses ; portez-y les nouvelles armes que je vous offre, et quand vous serez là, instruisez-moi du parti que vous en aurez pu tirer. De mon côté, si le malheur fait que je me trouve une cinquième fois compromis dans une épidémie, ou soit dans un hôpital où il y ait contagion, j'userai des mêmes moyens ; s'ils réussissent, je vous en informerai brièvement, et un mot affirmatif, en cela, vaudra mieux que ma trop longue lettre, et que toutes les hypothèses qu'elle contient. Je ne veux pourtant pas la finir sans répondre au *P. S.* de la vôtre, et vous dire qu'en me proposant de faire l'essai de l'électricité voltaïque pour rétablir l'action du ferment, après sa paralisation par l'oxide rouge de mercure, vous m'avez fait une espèce de vol, en ce qu'il y a

plus

plus de trois mois que je suis convenu avec mon collègue, M. *Humbourg*, pharmacien major, que nous ferions ces expériences dans le cabinet de phisique de M. *Vidailhan*, pharmacien à Toulouse, qui a bien voulu nous promettre de s'occuper avec nous de cet objet, ce qui aura lieu à mon premier voyage à Toulouse. Une autre expérience que je veux faire, et qui m'a été suggérée par M. *Dispan*, est d'essayer les oxides d'or et d'argent pour l'opération du mutisme; cela tirera notre question au clair, en ce que l'oxigène étant encore moins adhérent à ces deux métaux qu'au mercure dans le précipité rouge, il les abandonnera encore plus facilement, et que, s'il est vrai que ce principe acidifiant soit réellement l'agent antifermentescible, les oxides d'or et d'argent muteront aussi bien que celui de mercure, auquel cas votre théorie serait confirmée.

Adieu, mon cher camarade, donnez-moi souvent de vos nouvelles, mais que ce ne soit pas par des lettres imprimées, parceque devant alors vous répondre de la même manière, il m'en coûte trop cher, eu égard au quart de solde auquel je suis réduit, et sur lequel je ne puis déjà guère prendre pour faire des expériences, et encore bien moins si vous m'en faites dépenser une partie en frais d'impression. Au reste, nous ne sommes pas obligés de dire tous nos secrets à tout le monde, et il faut un peu laisser aux amateurs le plaisir de deviner et d'imaginer des expériences à faire, pour expliquer les grands mystères des décompositions spontanées, des générations nouvelles d'insectes, et surtout, ce qui nous importe le plus de savoir, ce que c'est que les miasmes et les virus. Si j'étais médecin ou chirurgien, je voudrais essayer si le pus de la gale, de la gonorrhée, de la variole et de la vaccine, perdent leur qualité virulente par le contact avec le camphre, ou par leur exposition dans une atmosphère camphorique.

Soyez tout à Dieu et à la médecine, mon cher Valli, mais que cela ne vous empêche pas de penser quelquefois à votre franc et sincère ami.

LE CH.[r] ASTIER.

A la métairie du Fort, commune de Cintegabelle, le 15 *décembre* 1814.

APPENDICE.

Il me tombe, par hazard, sous la main une dissertation (1) sur la fièvre jaune, observée à Saint-Domingue, pendant les années 1802 et 1803, par M. *André François*, médecin de l'armée française, où l'auteur, en parlant des moyens curatifs de cette cruelle maladie, dit: « L'usage du mercure, tant à l'intérieur qu'à » l'extérieur, me paraît absolument contre-» indiqué, puisqu'il y a déjà une irritation » effrayante, un commencement de dissolu-» tion. » A quoi il ajoute, par une note: « A » l'exception du docteur *Rush*, de Philadel-» phie, les médecins américains ont abandonné » cette méthode. » D'où je tire cette conséquence, que ce n'est pas sans quelques raisons que les Esculapes du nouveau monde ont mis en usage, et que le docteur *Rush* continue d'employer le mercure pour le traitement de cette espèce de peste; et je pense que si ce remède ne réussit pas toujours, ce n'est qu'à raison de la marche rapide de la maladie, qui

(1) Imprimée à Paris, chez Didot jeune, en 1804.

ne lui laisse pas le temps d'agir, et qu'en cela son efficacité n'est pas plus en défaut que celle du camphre, du quin-quina et autres remèdes héroïques, par cela seul qu'il n'y a plus de ressources, lorsque le désordre de l'économie animale est porté jusqu'à la désorganisation. En réfléchissant à cela, je tâche à me remémorier si depuis trente-deux ans, que je sers dans les hôpitaux militaires, j'ai vu quelque exemple de vénériens, soumis au traitement mercuriel, contracter les fièvres pernicieuses qui y règnent si souvent, et je ne me souviens pas d'un seul fait de cette nature, non plus que notre collègue, M. *Gourdan*, chirurgien-major, très-ancien praticien, lequel m'assure n'avoir jamais rencontré pareil cas. On pourra m'objecter ici, que les hommes atteints de syphilis, ou seulement de simple gonorrhée, sont moins sujets à contracter les maladies épidémiques; néanmoins on en voit quelques-uns en être attaqués, tandis que cela n'arrive jamais lorsqu'ils sont à l'usage du mercure. Observation qui devrait fixer l'attention des médecins, et qui, jointe à la conséquence que j'ai tiré de la pratique du docteur *Rush*, me conduit à ce corollaire, que le mercure appliqué sur la peau en frictions onctueuses, pourrait bien être, sinon un spécifique curatif de la fièvre jaune, mais bien un préservatif contr'elle, et d'autres maladies épidémiques.

Je veux ici, autant pour prolonger le plaisir que j'ai de m'entretenir avec vous, mon cher Valli, que pour en avoir votre avis, vous faire un conte de sorcier, c'est-à-dire, vous parler d'un préservatif mystérieux, qui, étant expliqué, ne sera plus un secret, et pourra devenir, sous l'autorité de la médecine raisonnée, un véritable prophylactique : n'en riez, je vous prie, qu'après avoir tout lu. Il s'agit d'une noisette, vidée de son amande par un très-petit trou, et remplie de vif-argent, que les bonnes gens de l'ancien temps se suspendaient au col, pour se préserver, disaient-ils, du maléfice des sorciers, qui, dans leur rage diabolique, cherchent toujours à nuire à ceux qui ne le sont pas. Vertu magique de la noisette, qu'ils attribuaient à l'influence protectrice que le vif-argent attirait sur eux de la planette mercure, à raison de la reverberation du soleil, dont la figure était toujours gravée sur l'amulette, contre-magie que j'explique tout simplement, sans monter jusqu'aux astres, par la porosité de la coquille, et par la chaleur de l'épigastre où on avoit grand soin de la placer ; chaleur plus que suffisante pour causer une certaine évaporation du liquide métal, au travers des pores du vase talismanique ; ce qui produisait, sous les vêtemens, un courant d'émanations mercurielles, lesquelles agissant en leur qualité d'insecticide, ou, si vous aimez mieux, en repoussant les miasmes morbifiques, prévenaient par-là les maladies ; chose qui, au premier coup-d'œil, paraît impossible, et qui pourtant n'est pas moins vrai que la propriété vermifuge qu'acquiert l'eau pure, bouillie sur du mercure, quoique ce métal n'éprouve, par cette opération, aucune diminution sensible de poids. Riez à présent, si vous voulez, de la figure du soleil gravée sur l'amulette, et de l'influence de la planette, mais respectez le fait. La noisette mystérieuse est réellement utile à ceux qui, par devoir ou par circonstances, sont obligés de soigner les malades dans les temps ordinaires ; mais elle est insuffisante dans ces momens de calamité, comme j'ai vu à Gênes, à Torgau, etc., où la mort moissonne rapidement ; il faut, dis-je, dans ces cas désastreux, des préservatifs plus puissans, et j'entrevois que des onctions faites sur tout le corps avec un onguent mercuriel peu chargé ; comme, par exemple, une once de mercure sur une livre de sain doux, afin de ne point exposer à la salivation, serait un grand moyen prophylactique, sous le double rapport de la vertu insecticide du mercure, et de la propriété qu'a la graisse, de boucher les pores de la peau, et d'empêcher, par-là, l'absorbtion des miasmes.

Sous ce dernier point de vue, vous vous apercevrez, sans doute, mon cher Valli, que je ne fais que vous rendre ce que vous m'avez prêté, puisque c'est de vous que je tiens la remarque faite à Constantinople, que les marchands d'huile, les fabricans de chandelles, et généralement tous les ouvriers qui ont habituellement le corps et les habits gras et huileux, sont exempts de peste.

Mais, m'objectera-t-on, il y aurait du dégoût à se frotter le corps avec de l'onguent mercuriel, et la seule répugnance ferait rejetter ce moyen par bien de personnes; à quoi j'ajoute qu'il y aurait même du danger pour certains temperamens, à qui le mercure pourrait devenir nuisible; mais on peut y suppléer par des onctions qui n'auraient pas ces inconveniens, et qui pourtant auront la même efficacité; telles que serait une pomade camphrée ou fortement aromatisée avec l'huile essentielle de lavande, de menthe poivrée, ou autres plantes camphoriques, moyen aussi agréable qu'utile, sous le double rapport de la conservation de la santé et de la cosmétique. Au reste, la proposition que je vous fais est moins un produit de mon imagination, que le fruit de ma mémoire, par le souvenir de mes conversations avec notre collègue *Roussel*, médecin d'honorable mémoire, auteur d'un ouvrage, très-estimé, sur les vaisseaux absorbans; lequel j'ai entendu mille fois gémir sur l'aveuglement de la pratique médicale du siècle, qui se privait volontairement, par l'effet de la mode, des ressources immenses qu'offre la médecine de la peau, usitée par les anciens avec tant de succès, et que vous n'avez pas entièrement perdue de vue, mon cher Valli, ne fût-ce que par l'usage de votre pomade rouge, comme préservatif de la peste de Murcie, et du liniment opiato-gastrique, dont je vous ai vu tirer de si grands avantages.

Mais, à propos d'anciens, il me tombe aussi, par hasard, sous la main le vieux maître, *Ambroise Paré*; ce patriarche de l'art de guérir aux armées, aimé des Rois de son temps, chéri des gentilshommes, et vénéré par les soldats; maître *Ambroise*, enfin, dont tout officier de santé militaire ne doit écrire ou prononcer le nom qu'avec respect, *Paré*, dis-je, dans son style gaulois, et savamment naïf, compare le vif-argent, ce grand alexipharmaque, à un furet, faisant sortir le connin (lapin) hors de son terrier. L'éloge qu'il en fait perdrait trop à être transcrit par moi, et j'aime mieux, cher Valli, vous renvoyer à mon auteur, livre 20, chapitre 46.

A chaque feuillet que je tourne, du même livre, je trouve de quoi appuyer mon hypothèse; par exemple, au chapitre 3, page 731, *de certains animaux monstrueux qui naissent contre nature aux corps des hommes, femmes et petits enfans*, je vois des productions spontannées bien plus étonnantes que les insectes des acridophages, que les électriques du paysan de Mantoue, et que les hépatiques des moutons d'Alexandrie. Mais *Ambroise Paré*, pour expliquer ces phénomènes, raisonnait comme au seizième siècle, et rapportait toutes ces merveilles à l'influence du soleil et de la lune, sur les humeurs chaudes ou froides. Cependant, l'étincelle du génie de *Paré* a brillé dans les ténébres, et l'oracle s'est prononcé par cette phrase, où (en parlant de jeux de la féconde nature au corps humain), il dit : *Elle s'esbat à y représenter toutes ses actions et mouvemens, n'estant jamais oisive, quand la matière ne lui défant point.* Explication succinte, qui en dit presque autant que toute la philosophie buffonienne sur les molécules organiques. Qui sait même........... Mais non, *Buffon* n'a sûrement rien pris *d'Ambroise Paré*; car, s'il eût lu cet auteur, dont la droiture et la sincérité double le mérite de son profond savoir, il aurait, à son imitation, ajouté, à sa séduisante théorie, qu'il y a dans l'organisme et la vie, une cause première et occulte au-dessus de la conception humaine, et qu'on ne peut attribuer qu'à une suprême Intelligence, sans cesse agissante, dont les dessins sont impénétrables, que nous sommes forcés d'admirer dans ses ouvrages, et devant qui tout raisonnement finit par où j'ai commencé : *Les faits restent, et le temps efface les rêves de l'opinion.*

Quoi qu'il en soit, il est toujours vrai qu'il s'engendre dans les corps vivans, animaux et végétaux, des vers, des insectes et même des reptiles (1); on a trouvé des uns et des autres dans la substance cérébrale, dans les chairs, dans les os, et surtout dans les intestins et la matrice des grands animaux, même dans les œufs des galinacés.

D'nn autre côté, nous savons que chaque

(1) On lit dans les mémoires de l'académie des sciences de 1731, l'histoire d'un crapaud trouvé dans un chêne, et qu'on a jugé devoir y être resté durant 80 ou 100 ans, sans air et sans aliment étranger. On cite à ce sujet un autre fait bien attesté et absolument semblable, d'un crapaud encore trouvé, vivant et sain, au milieu du tronc d'un assez gros orme, sans que l'animal eût peu jamais en sortir, et sans qu'il y eût apparence qu'il y fût jamais entré.

animal et chaque végétal, après sa mort, donne naissance à des animalcules et à des plantules de race diverses, et que les émanations qui s'en dégagent, font des impressions bien différentes sur l'organe de l'odorat; par exemple, l'odeur d'un rat mort est tout'autre que celle d'un poisson pourri; celle d'un cheval en corruption, ne ressemble en rien au méphitisme d'un cloaque. Cependant, on ne distingue guère tout cela, et lorsqu'il s'agit de déterminer les causes qui donnent lieu à une maladie épidémique ou andémique, on se borne à dire : « *Il y a des matières végétales » et animales en putréfaction, l'air est vicié.* » *Paré* entre dans plus de détails, et nous dit que ces différentes exalaisons produisent différentes maladies, et il cite, à cette occasion, l'histoire d'une baleine morte, qui, ayant échoué sur les cotes de Toscane, causa, par sa putréfaction, une horrible peste dans toute la contrée. Je vois aussi par la dissertation de M. *André François*, qu'un grand amas d'huitres, qu'on avait mis à pourrir près d'une ville d'Amérique, pour faire de la chaux avec les écailles, produisit la fièvre jaune. Vous et moi avons observé qu'aux armées, surtout après les grandes batailles, où il a péri beaucoup d'hommes et de chevaux, c'est la phthisie intestinale qui régne. Tout le monde sait que les fièvres intermitentes, qui dominent aux environs des rizières, ont un caractère bien différent que celles des marais ordinaires, etc., et j'entrevois qu'un médecin habile qui ferait des observations suivies sur les variétés d'émanations, des différens foyers morbifiques, rendrait de très-grands services à la science. *Paré* nous dit combien ce genre de recherches serait utile, par l'histoire qu'il raconte, liv. 22, ch. 7, d'un médecin de Scythie, qui arrêta les progrès d'une peste, en faisant tuer tous les chiens et chats de la ville, et en les laissant pourrir dans les rues; ce qui produisit une infection qui neutralisa le venin pestilentiel.

Il y a vingt ans que je me serais bieu donné de garde de citer un pareil fait, mais aujourd'hui qu'il est prouvé que le virus vaccin détruit le germe variolite, la chose ne sera pas regardée comme impossible, surtout par le très-courageux *Valli*, qui, avec cette arme, n'a pas craint d'aller braver le fléau de Constantinople: mais, je le répète, il faut, pour entreprendre ce travail, être médecin consommé et bon observateur. Le voyage que vous projettez nous vaudra sûrement de nouvelles et précieuses découvertes; mais moi, pour qui la vie sédentaire est le seul parti à prendre, je dois me borner, en simple pharmacien, à faire des essais pour tâcher à découvrir quelque chose sur la manière d'agir des médicamens. J'ai déjà commencé un petit travail à cet égard, et j'en ai laissé, il y a six mois, une note à M. *Malatret*; je souhaite qu'elle vous parvienne un jour, mon cher camarade, vous y verrez que vous n'êtes pas le seul à rendre les hommages dus au célèbre *Spalanzzani*, et que du temps que je l'écrivais, mon amitié pour vous n'était pas oisive.

SALUT,

ASTIER.

Toulouse, *le* 15 *janvier* 1815.

NOTE.

Le phénomène des vers qui s'engendrent dans la colle de farine, est bien moins surprenant que la vermoulure des bois de construction, de charpente et de meubles ; les vernis, les couvertes de plâtre et le goudronnage, n'empêchent pas que tôt ou tard ils ne tombent en poussière animée, et que les édifices flottans qui lient entr'elles les nations séparées par les mers, comme les palais des rois et la cabane du berger ; les meubles somptueux de l'homme opulent, comme l'escabelle du pauvre ; enfin, tout ce qui est bois finit par crouler ou se détruire sous la dent dévoratrice des insectes, qu'on pourrait, à juste titre en cela, nommer la lime du temps.

La nullité de toutes les précautions que l'on prend par des moyens externes pour préserver les bois de l'attaque des vers, prouve bien que leurs germes ne viennent pas du dehors, et qu'ils sont engendrés dans l'intérieur. Cela s'explique par mon hypothèse, et ma théorie sur la manière d'agir des réactifs antifermentescibles, me fait présumer que si après avoir dégrossi les pièces de charpente, et débité les morceaux de menuiserie, on les faisait macérer, après dessication, dans une solution aqueuse de sublimé corrosif, on préviendrait leur détérioration bien plus efficacement que par l'observance des phases de la lune, si recommandée par les almanachs, pour la coupe des bois ; mais pour en faire l'expérience il faudrait de grandes dépenses, et pour en avoir le résultat, il faudrait attendre des siècles ; ce n'est donc pas un particulier qui peut l'entreprendre, elle est bien digne d'un Gouvernement.

ERRATA.

Page 23, *ligne* 23, *au lieu de* isolées, *lisez* isolés.
37, *ligne* 25, ... feront, *lisez* ferons.
53, *ligne* 1, ... qu'un touffe, *lisez* qu'une touffe.
54, *ligne* 8, ... anthelminthiques, *lisez* antelmintiques.
74, *ligne* 24, ... d'entretenir, *lisez* d'en tenir.

www.ingramcontent.com/pod-product-compliance
Ingram Content Group UK Ltd.
Pitfield, Milton Keynes, MK11 3LW, UK
UKHW020329250726
13967UKWH00004B/1936